眼盲心不盲，用心感受世界，耳聾口未啞，致力造福盲人

Helen Keller

黑暗中的天使
海倫凱勒

鄧韻如，賀欣欣 編著

三歲時的一場大病奪走了她的光明與聲音……
她的世界陷入黑暗與寂靜，她活於人間卻與世隔絕。
幸虧遇見了無私付出並照顧、陪伴她一生的恩師，
安・蘇利文成為她的眼耳，教會她世界、愛與希望。

海倫・凱勒是一位傳奇作家、慈善家、社會運動者。

「我只看我擁有的，不看我沒有的。
對於凌駕命運之上的人來說，信心就好似生命的主宰。」

目錄

目錄

建立信心

目錄

附錄

序

　　海倫·凱勒（Helen Adams Keller，1880 —— 1968），
19 世紀美國盲聾女作家、教育家、慈善家、社會活動家，全
名為海倫·亞當斯·凱勒。

　　西元 1880 年 6 月 27 日，海倫·凱勒出生於阿拉巴馬州
北部一個小城鎮 —— 塔斯坎比亞。她在 19 個月的時候被猩
紅熱奪去了視力和聽力。因為聽不到別人說話，所以她也不
可能學習說話。但是在這黑暗又寂寞的世界裡，她並沒有放
棄，而是自強不息，並在安·蘇利文的努力下，用頑強的毅
力克服生理缺陷所造成的精神痛苦。

　　海倫·凱勒熱愛生活並從中得到知識，學會了讀書和說
話，並開始和其他人溝通。而且以優異的成績畢業於美國拉
德克利夫學院，成為一個學識淵博的人，掌握英、法、德、拉
丁、希臘五種文字。她走遍美國和世界各地，為盲人學校募
集資金，把自己的一生獻給了盲人福利和教育事業。她贏得
了世界各國人民的讚揚，並得到許多國家政府的嘉獎。

　　西元 1968 年 6 月 1 日，海倫·凱勒在睡夢中去世，享年
88 歲。

序

成就與貢獻

海倫·凱勒以自強不息的頑強毅力，掌握了英、法、德等5國語言。她一生共寫了 14 部著作。《我的生活》是她的處女作。作品一發表，立即在美國引起了轟動，被稱為「世界文學史上無與倫比的傑作」，出版的版本超過百餘種，在世界上產生了巨大的影響。

《假如給我三天光明》、《我的老師》、《再塑生命》被選入教材。

海倫·凱勒致力於為身障者造福，建立慈善機構。西元1915 年，她與其他美國人創建了「海倫·凱勒國際慈善機構」，宗旨是協助政府開展防盲，著重於融入社會主流的盲童教育，以及使成年盲人能夠獨立生活和工作。

地位與影響

海倫·凱勒在年幼時失聰失明成了個聾啞人，然而卻奇蹟般地走完了一生。她的一生所做的努力和貢獻，在全世界產生了深刻而廣泛的影響。

海倫·凱勒全靠一顆不屈不撓的心接受挑戰，用愛心去擁抱世界，以驚人的毅力面對困境，用盡生命力量到處奔走，建立起一家家慈善機構，終身致力於社會福利事業。她的溫柔與果敢征服了她同一時代的人，並讓這首生命的昂

揚讚歌一直譜寫下去，影響了一代又一代不同國度、不同種族、不同信仰的人。

　　偉大的作家馬克·吐溫說：「19 世紀有兩個值得關注的人，一個是拿破崙，另一個就是海倫·凱勒。拿破崙試圖用暴力征服世界，他失敗了；海倫·凱勒用筆征服世界，她成功了。」

序 ——————————————————————————

盲童生活

面對光明，陰影就在我身後。信心是命運的主宰

—— 海倫·凱勒

對一切充滿好奇

西元 1880 年 6 月 27 日，海倫·凱勒出生在美國南部阿拉巴馬州的塔斯坎比亞鎮，這是一個微不足道的小地方。海倫的祖先原來生活在瑞典，後來移民到美國，定居在馬里蘭州。

海倫有一位祖先是聾啞教育專家，他創作了許多聾啞教育的著作。這真是一種巧合，誰能料到海倫這樣一個又盲又聾又啞的人竟然是他的後人呢？

每當想到這件不可思議的事，海倫就情不自禁地感慨：世上最無法預知的東西就是命運了。海倫的父親叫亞瑟·凱勒，曾在南北戰爭時期擔任過南部聯軍上尉，而且是個優秀的軍官。海倫的母親凱特·亞當斯比父親小好幾歲，是父親再娶的。

在生病以前，海倫也是一個正常的孩子。在海倫的記憶裡，當時只有一間正方形的大房子和一所僕人住的小房子。那時候，南方人家常常在居住的住宅旁邊另建一棟房屋，以備不時之需。南北戰爭以後，父親也在地基旁邊加建了一間屋子，他和海倫母親婚後就住在那裡。

從園子看過去，這個宅子宛如一座樹枝和綠葉搭的涼亭。黃薔薇和茯苓花的花叢掩蓋了整個小陽臺，在這個快樂的天堂裡，輕歌曼舞的是成群的蜜蜂和蜂鳥。

　　祖父母的老宅距薔薇涼亭僅幾步之遙。海倫家房子四周生長著茂密的樹木，籬笆上爬滿了蔥郁的英國常青藤，鄰居們非常喜歡海倫的家，並叫它綠色家園，這是個多麼富於詩意的名字啊！雖然這座花園樣式很舊，但海倫非常喜歡，因為這裡珍藏著海倫的美妙童年。

　　小海倫的嗅覺很靈敏，剛剛綻放的紫羅蘭和百合花會引導她很快找到它們的方位，那撲鼻而來的清香氣息令人頓覺神清氣爽。有時，海倫心情不好，就會來這裡尋求安慰。海倫把炙熱的臉頰藏匿在涼氣襲人的綠葉和草叢之中，這是使煩躁難耐的心情冷靜下來的最好辦法。

　　每當來到這個「綠色家園」時，那種心曠神怡的感覺會從海倫心底油然而生。這使海倫禁不住伸出手去觸摸，有時觸摸到一根枝條，根據花瓣和葉子的形狀，海倫就知道，那是蔭庇著涼亭的藤蔓。

　　這裡低垂著芬芳的茉莉；有匍匐在地上的龍鬚藤，還有罕見的蝴蝶荷。這種花異常美麗，富有靈氣，因為它的花瓣凋落時和蝴蝶翩飛的翅膀有幾分相似，而且還散發出絲絲甜蜜的芬芳，所以名叫蝴蝶荷。

　　但是，在海倫的心中，那些爬藤薔薇才是最美麗的，而且這種花在北方花房中很稀少。它們一長串一長串地倒掛在陽臺上，四處攀爬，空氣中瀰漫著它的芳香，掩蓋了塵土的氣息。

清晨的薔薇尤其讓人陶醉，上面沾著亮閃閃的露珠，摸上去柔潤而滑膩。人們都說上帝御花園中的黃日光蘭異常美麗，而且獨一無二，海倫想它與這清晨的薔薇相比也不過如此吧！

與普通的孩子一樣，海倫的出生簡單而平凡。海倫是家裡的第一個孩子，因此海倫的誕生令家人既緊張又欣喜。海倫呱呱墜地，睜開了雙眼，全家人的目光都投射到海倫的身上。然後，大家開始絞盡腦汁為海倫取名字。

取名字可不是隨隨便便的事，他們吵吵鬧鬧，都覺得自己想出來的名字最適合海倫。

父親希望以「米德爾·坎培兒」做海倫的名字，因為那是他最尊敬的一個祖先。而母親則認為，「海倫·阿爾弗雷德」是最合適的名字，因為那是外祖母少女時代的名字。

後來，父親就不再發表意見了，大家經過一番討論，決定依照母親的意思，用外祖母的名字「海倫·阿爾弗雷德」作為海倫的名字。

海倫的名字取好之後，眼下的當務之急就是帶海倫去教堂接受洗禮。也許是父親過於緊張和興奮，或許是本來就不想用那個名字，總之，在前往教堂的途中，海倫的名字曾經在他的大腦中消失了。當牧師問他孩子的名字時，父親這才想起要用外祖母的名字，於是脫口而出：「海倫·亞當斯」。

海倫在很小的時候，就對什麼事情都很好奇，常常模仿大人的行為舉止，這也是海倫最可愛的地方。還沒滿周歲的海倫，就能清晰地發出「茶！茶！茶！」的聲音，海倫說得真真切切，家裡人也聽得明明白白，令他們感到十分驚喜。

在海倫成了盲啞人之後，雖然忘掉了以前學的單字和發音，但海倫仍然記得幾個月大的時候學會的那個單字——水。

在海倫的語言能力完全喪失以後，「水」這個單字的音，海倫仍能模模糊糊地發出來。後來，老師教海倫用拼寫表達自己的意思後，她就再也沒有發出「水」這個單字的音了。

海倫走路比普通的孩子早，大概是剛滿周歲的時候。有一次，母親幫海倫洗完澡，把海倫從浴盆中抱出來放在膝蓋上。外面樹枝的影子在光滑的地板上輕輕閃爍。

剎那間，海倫的好奇心突然被引發了，她從母親的膝上溜下來，邁開蹣跚的步伐，跑過去踩踏那些影子。

當海倫的好奇心逐漸降溫時，身上的那股衝勁也消耗殆盡了。於是，原來有力踩踏影子的兩條腿也失去了力量。

海倫跌倒在地上，並用力掙扎著想要再次站起來。這時被驚得發呆的母親才回過神來，把海倫從冰冷的地上抱起來。

雖然海倫擁有視力和聽力的時間十分短暫，但是美好的大自然依然在她的腦海中留下了深刻的記憶。

　　春光短暫，百鳥啁啾，鶯歌燕舞；夏天，豐滿的果子和美麗的薔薇在枝頭招搖；深秋來臨，草黃葉紅，滿園飄香。只是，在海倫活潑好動牙牙學語的年幼時期，這三個美好的季節匆匆而過，沒有留下太多痕跡。

　　然而，好景不常，幸福轉瞬即逝。一個本應是百花爭豔，知更鳥和百靈鳥表現婉轉歌喉的春天，海倫卻在一場高燒的病痛中遁入了黑暗和沉寂。

　　在海倫的一生中，只有 19 個月是五彩繽紛的有聲世界。但那美麗的「綠色家園」──蔚藍的天空、翠綠的小草、茂密的樹木和嫵媚的花朵卻都永遠留在了海倫的記憶中，這些零零碎碎的景色，始終是海倫黑暗沉寂歲月的最好裝飾。

災難向小女孩襲來

　　西元 1882 年 2 月，海倫莫名地高燒，而且久燒不退。醫生們診斷是急性胃充血和腦充血，他們竭盡全力挽救，最後還是對海倫的家人表示愛莫能助。

　　然而奇蹟出現了，一天清晨，海倫又莫名其妙地退燒了，這次高燒發得奇特，退得也奇特。全家人都為海倫死裡逃生欣喜若狂，謝天謝地。

　　但是，誰也沒有料到，這場莫名其妙的高燒竟然奪走了海倫的視覺和聽覺，海倫再也看不見任何東西、聽不見任何聲響了。

海倫被殘酷地放逐到一個混沌無知的世界，像嬰兒一樣矇昧地生活，而對這些，家人卻全然不知，甚至連醫生也感到意外。

後來，每當回憶起病中的情景，海倫對母親的印象尤為深刻。她在海倫高燒不退、昏昏沉沉的時候，輕柔地撫慰她，耐心地哄勸她，鼓勵海倫勇敢地接受治療，這些減輕了海倫的痛苦和煩躁。

當海倫從病痛和昏迷中醒來時，只感到眼睛灼熱疼痛，記憶中那可親可愛的陽光投射過來，刺得眼睛發痛，海倫翻身面向牆壁，蜷伏在床角。

在接下來的日子，海倫的視力日益下降，陽光日益黯淡，再後來，陪伴海倫的就只剩下一團模糊的光影了。

直至有一天，海倫睜開雙眼，記憶中那可親可愛的陽光消失了，那令人煩躁的聲響也消失了，代替它們的只有漆黑和靜寂。海倫就像跌入了噩夢的深淵，不知道發生了什麼事。海倫本能地想叫，卻叫不出聲音，那種悲傷和恐懼令人終生難以忘懷。

在此後的一段時光裡，海倫漸漸適應了黑暗與寂靜，對以往的事也漸漸沒有什麼印象了，只是覺得整個世界到處充滿了黑暗和冷清。

病癒後幾個月的事幾乎沒有在海倫的腦海中留下記憶，只是依稀記得海倫常坐在母親的膝上，或是緊拉著母親的裙

裡，母親忙裡忙外地做事，而海倫就跟著母親後面到處走。

　　時光匆匆而逝，海倫逐漸開始用手去觸摸各種東西，並憑著感覺去分辨它們的用途。或者揣摩別人的動作、表情，來猜測發生了什麼事，然後表達自己想說的、想做的。

　　於是，在渴望與人交流的作用下，海倫開始試著做一些簡單的動作，搖搖頭表示「不」，點點頭表示「是」，拉著別人表示往她這邊「來」，推表示「去」。

　　當海倫感覺到冷時，海倫就會縮著脖子，做出發抖的樣子，告訴別人海倫冷了。當海倫想吃麵包時，她就用切麵包、塗奶油的動作來表示。

　　母親也竭盡所能與海倫交流，她做出各種動作，讓海倫了解她的意思，海倫總是可以清楚地知道母親的意思。

　　說實在的，在那漫長的黑夜裡，海倫完全是靠母親的慈愛和智慧才感覺到生活的一絲溫暖。

　　透過與母親交流，海倫漸漸懂得了一些生活上的事。5歲時，海倫學會了把洗好的衣裳疊好收起來，把洗衣店送回的衣服分類，並能從中挑出自己的那幾件。從母親和姑母的梳洗打扮，海倫知道她們要出去，就求她們帶著自己。

　　親戚朋友來串門，海倫總被叫來見客人。他們走時，海倫揮手告別，這種手勢的意義對她影響深刻。

　　有一次，有重要的客人到家裡來拜訪，從門的啟閉，海倫知道他們已經來了。於是，她趁著家人不注意時，跑到母

親的房間，學著母親的樣子在鏡子前梳妝，往頭上抹油，在臉上擦粉，用髮夾把面紗固定在頭髮上，並且讓面紗下垂，輕蓋在臉上，爾後，海倫又找了一件寬大的裙子穿上。然後，海倫便穿著這身奇怪的裝束，去樓下與他們一起接待客人了。

海倫曾注意到母親和別人都是用嘴巴在交談，而不像海倫用手比劃著。因此，為了弄明白他們交談的內容，海倫會站在兩個談話者之間，用手觸摸他們的嘴巴，但是這種方法並不管用。

於是海倫瘋狂地擺動四肢，蠕動嘴唇，企圖與他們交談，可他們一點反應也沒有。

於是，海倫憤怒地又踢又叫，直至精疲力竭為止。

海倫心裡也知道這樣是不應該的，可是一有事情到來，她又急躁得控制不了，還會瘋狂地胡亂踢打，以發洩自己的不滿情緒。

與朋友朝夕相處

海倫的童年時代是黑暗無光的，但是卻有兩個朋友與海倫朝夕相處，一個是廚師的女兒叫瑪莎·華盛頓，另外一個是一隻名叫貝利的老獵狗。

對於海倫的手勢，瑪莎·華盛頓能夠很容易懂得，所以每次吩咐她做的事情，她都能很快就完成。瑪莎大概認為與

其跟海倫打架，還不如乖乖聽話來得聰明，所以，對於海倫交代的事情，她能迅速而俐落地完成。

海倫的身體茁壯結實，喜歡爭強好勝，而且不計後果。大概是害怕海倫暴虐，她從不違背海倫的意思。

那個時期，海倫跟瑪莎在廚房裡度過了不少時光。海倫喜歡幫瑪莎做冰淇淋、揉麵團，或是餵餵火雞，有時也為了幾個點心而爭吵不休。

海倫喜歡餵火雞。有一次，海倫手中的番茄竟然被一隻大火雞搶走了，也許是受火雞的啟發，不久海倫和瑪莎把廚師剛烤好的餅偷走了，躲在柴堆裡吃得一乾二淨。

不料，這張餅卻讓海倫和瑪莎在第二天吐得一塌糊塗，吐完後海倫想，不知道這壞肚子的懲罰是否也降臨到了那隻火雞的頭上。

海倫特別愛到花叢深處尋找珍珠雞的蛋，因為珍珠雞喜歡在隱蔽處築巢，所以海倫在閒暇時常去那裡尋找樂趣。海倫雖不能跟瑪莎說「海倫要去找蛋」，但她可以把兩手合成圓形，放在地上，示意草叢中有某種圓形的東西，瑪莎一看就懂。

海倫若是有幸找到了蛋，就會用手勢告訴瑪莎。瑪莎絕不允許她把蛋帶回家，因為她會在途中失足摔碎它。

海倫常回想起和瑪莎在一起度過的童年時光，穀倉、馬糧

和乳牛場都給了她無窮的快樂，她簡直像極樂園裡的天使。

　　過聖誕節的時候，海倫是最快樂的，雖然她不知道為什麼要過聖誕節，但是只要一想起誘人的佳餚，她就特別快樂。

　　海倫也模仿別人把長襪子掛起來，然而她並不像其他孩子那樣，天還沒亮就爬起來看襪子裡裝了什麼禮物，因為禮物並不能引起她的興趣，勾起她的好奇心。

　　和海倫一樣，瑪莎‧華盛頓也喜歡惡作劇。

　　7月一個酷熱的午後，海倫和瑪莎坐在陽臺的石階上，像黑炭一樣的瑪莎把她像絨毛般的頭髮用鞋帶束一束、西一束地紮起來，像許多根螺絲釘插在頭上。而海倫皮膚白皙，一頭長長的金黃色捲髮。兩個孩子一個6歲多，另一個大約9歲，小一點的盲童就是海倫。

　　坐在臺階上，兩人饒有興致地剪著紙娃娃。玩了不久海倫便厭倦了這種遊戲，於是就把鞋帶剪碎，又把石階邊的忍冬葉子剪掉。突然，瑪莎的那一頭「螺絲釘」吸引了海倫的注意力。一開始，瑪莎掙扎著，不肯讓海倫剪，可是海倫抓著瑪莎的螺絲釘不放，拿起剪刀就剪下去。

　　剪完瑪莎的頭髮，作為回報，海倫讓瑪莎剪自己的頭髮，若不是母親發現，及時趕來制止，她的一頭金黃色捲髮很可能被瑪莎剪光了。

　　老獵狗貝利是海倫童年的另一個玩伴。牠很懶惰，喜歡躺在暖爐旁睡覺，一點也不愛陪海倫玩。牠也不夠精明，海倫盡力教牠手語，但是牠不願理睬海倫，又懶又笨的牠根本不知道海倫要做什麼。

　　有時，牠似乎被海倫嚇了一跳，渾身顫抖；有時，牠會蹲下來，全神貫注，就像準備捉鳥一樣，海倫也不明白牠要幹什麼。海倫一氣之下就對牠拳打腳踢。

　　牠總是很忍讓地、無精打采地爬起來，伸伸懶腰，嗅嗅暖爐，然後又在另一端躺下，似乎不願意和海倫計較。海倫覺得無聊至極，於是又跑到廚房，尋樂去了。

　　零散的童年記憶總會令人回味無窮。一想起那段沒有光、沒有聲音的黑暗世界，這些影像就會更清晰地在海倫心頭浮現。

　　有一次，海倫無意中把水濺到了圍裙上，便把圍裙攤開，放在臥室暖爐的餘火邊，想把它烘乾。

　　急性子的海倫覺得不夠快，便把裙子放在暖爐上面，突然間，火一下子躥了上來，燃著了裙子，也燒著了衣服。海倫狂叫起來。

　　老奶奶趕來，用一床毯子把海倫裹住。火被撲滅了，海倫的手被燒傷了，頭髮也被燒得七零八落，但是其他地方燒得還不算嚴重。

就是在這個時候，海倫對鑰匙產生了濃厚的興趣，而且她發現了使用它的妙處。

有一天早晨，海倫玩性大發，把母親鎖在儲藏室裡，僕人們都在屋外做事。母親被鎖在裡面足足有 3 個小時，她在裡面拚命敲門，而那敲門所起的震動卻令坐在走廊前石階上的海倫咯咯笑個不停。

海倫和妹妹

在海倫 5 歲的時候，他們一家搬出那所爬滿藤蔓的屋子，因為有了一所更寬敞、更明亮的新房子。家中上下 6 口人，父親、母親、兩個異母哥哥，後來，又多了她的妹妹米珠麗。

海倫的父親總是將自己埋在報紙堆裡，這是父親給海倫最初的、也是最清晰的印象。

那一次，海倫穿過一堆堆的報紙，走到她父親面前。那時，她父親一個人坐在一張張展開的大報紙中間，海倫找不到他的臉，原來他的全身都埋在了報紙的後面。

父親到底在做什麼，海倫怎麼也猜不到，她好奇地學著父親的模樣，取下父親的眼鏡，掛在她自己的鼻樑上，隨手拿起旁邊的一份報紙，以為這樣就可以解開疑團。過了很長時間，海倫才明白父親是報社的編輯，要在報紙上發表文章，因此每日筆耕不輟。

　　海倫認為，父親是個非常愛家的人，他性格溫和、仁慈寬厚。只有在打獵季節，海倫的父親才會外出，其他時間都和海倫他們在一起。家人跟海倫描述過，她的父親槍法很好，而且是個精明的獵人。

　　除了家人，獵狗和獵槍就是她父親的最愛。她父親待人熱情，而且十分好客，每次都會帶一兩個客人來家裡做客。

　　海倫的父親還喜歡種植花草，他親手經營的花園是他的傑作，而且常常引以自豪。據說他栽種的西瓜和草莓在村子方圓幾里是最出色的。他還常常帶一些上市最早的葡萄，和精選出來的櫻桃給海倫品嘗。有時他去瓜田和果林中散步時也常常帶著海倫，他總是慈愛地撫摸海倫，看到海倫很快樂他也很開心。海倫回憶說，她父親那快樂的神情，至今仍然清晰地印在她的腦海裡，恍如昨日。

　　講故事是海倫父親的又一個特長。海倫學會寫字後，她父親常常把許多引人入勝的故事用一些淺顯易懂，而且形象生動的詞彙在海倫的手掌上描畫，引起海倫的陣陣笑聲。當海倫成功地複述他講的那些故事時，欣慰的笑容會堆上他的臉龐。

　　海倫的父親是在西元 1896 年的夏天突然去世的，那是海倫在北方度假的最後幾天。海倫的父親沒有忍受很長時間的病痛，急性發作的病很快就把他，從海倫的生活中永遠地帶走了。噩耗傳來，海倫萬分悲痛，這是海倫第一次體會到死

別的悲痛，也是第一次認識到死亡的殘酷。

海倫的母親，則是全心全意寵愛海倫的人，是海倫的依託。海倫認為，出生至今，父母的愛一直伴隨著她，海倫從來沒有為衣食而憂，生活得平靜而自在。然而她的生活和心態卻因妹妹米珠麗的出生而改變了。

妹妹米珠麗出生以後，在很長一段時間裡，海倫認為她侵犯了自己的權利。海倫開始覺得不平衡，認為自己再也不是母親唯一的心肝寶貝了，於是滿懷嫉妒。

母親膝上是海倫才能坐的位置，現在被她占據了。後來，海倫漸漸覺察到母親的時間和對海倫的關心似乎被她分去了一大半。

最讓海倫傷心的是，曾經有一件事讓海倫蒙受了奇恥大辱，和不公正的待遇，而且她覺得母愛被分割了。

那時候，有一個布娃娃是海倫最寵愛的玩偶，海倫還給它起了一個名字叫蘭茜。雖然海倫很喜歡她，但如果海倫心情不好的時候，它就在劫難逃，成了海倫的出氣筒。

雖然這個布娃娃已被海倫折磨得慘不忍睹了，但在那些會眨眼、會說話的娃娃中，它勝過其他所有玩偶，是海倫最割捨不下的。

海倫把蘭茜和搖籃視為珍寶，從不允許別人碰一下。可是有一天，海倫卻發現妹妹竟然霸占了蘭茜的搖籃。

　　本來就嫉妒她奪走了母親之愛的海倫，看到她又霸占了心愛的蘭茜的搖籃，不禁怒火中燒，帶著滿腔的怨氣衝了過去，一把推翻了妹妹的搖籃。

　　在這千鈞一髮之際，母親及時趕來了，雙手接住了從搖籃中墜落的妹妹，這才使妹妹的性命保住了。

　　從那以後，海倫開始試著與米珠麗交流。儘管她的一些手語妹妹不太明白，海倫也聽不見妹妹咿咿呀呀的童語，但是，她們畢竟相差無幾，因此常常在一起嬉戲，常常手拉手四處遊玩。

有了新的希望

　　海倫經常惡作劇，父母決定要盡快請人來管教她。更為重要的是，隨著時間的推移，海倫的身體逐漸長高，心理也逐漸成熟，海倫希望把自己的思想情感表達出來，那幾種單調的手勢根本就不夠用。

　　每次手語無法讓別人了解海倫的意思時，海倫都要大發脾氣。這時，她就覺得自己彷彿被許多無形的魔爪扼住了喉嚨，於是便拚命地想掙脫它們，烈火在胸中燃燒卻又無法發洩出來。因此，最好的發洩方法就是在地上翻滾、吼叫、瘋狂地踢打、哭鬧，直至耗盡最後一點力氣為止。

　　若此時母親站在身邊，海倫就會一頭撲在她懷裡，悲痛

欲絕，甚至忘記為何而發脾氣。

　　日子越來越難熬，表達情感的願望越來越強烈，最嚴重的時候是每天都要發脾氣，而且每隔一個小時就鬧一次。面對這一切，手足無措的父母也憂心如焚。在海倫居住的塔斯坎比亞鎮附近根本沒有聾啞學校，而且也幾乎沒有人願意到如此偏僻的地方，來教一個又盲又啞的孩子。

　　當時，大家都對海倫能否接受教育持懷疑態度。然而，母親卻從未放棄，她在閱讀狄更斯的《遊美札記》中看到了希望的曙光。在狄更斯的《遊美札記》中，記錄了一個又盲又啞的少女蘿拉，經由郝博士的教導，學有所成。

　　然而，母親得知那位發明教育盲聾人方法的郝博士已經逝世多年，而且他的教育方法也可能失傳時非常苦惱。郝博士是否有傳人？如果有，讓他們到阿拉巴馬州這個偏遠的小鎮來教海倫，他們願意嗎？

　　在海倫 6 歲那年，父親聽說巴爾的摩有一位著名的眼科醫生，有好幾個盲人在他那裡治好了眼疾。於是，父母立即決定帶海倫去那裡治眼睛。

　　這次旅行海倫十分愉快，吸引她的事層出不窮，她忙個不停，一次也沒有發脾氣。

　　在火車上交了很多朋友。一位婦女送給海倫一盒貝殼，父親把這些貝殼穿孔讓海倫用線一個一個串起來。在此後的

很長一段時間裡，這些貝殼給她帶來了無限快樂和滿足。

列車員和藹可親，他每次來查票或檢票時，海倫可以拉著他的衣角，他還把他檢票用的剪刀給海倫當玩具。那時海倫會趴在座位的一角，在一些廢舊的卡片上打一個小孔，就這樣玩上幾個小時，也不會感到厭倦。

為了讓海倫開心，姑媽用毛巾給她做了個娃娃，但是卻沒有五官。這個臨時拼湊的玩偶，即使孩子的想像力非常豐富，也說不出那張臉是什麼樣子。而讓海倫最難忍受的是布娃娃沒有眼睛。海倫堅持讓每個人想辦法，可是最終還是沒有人能為布娃娃安上眼睛。

突然，海倫靈感迸發了火花，她想到了姑媽那綴著大珠子的披肩，於是她找到那個披肩並扯下了兩顆珠子，指給姑媽看，讓姑媽縫在娃娃臉上。

姑媽拉著海倫的手去摸她的眼睛，確認海倫的用意。海倫用力地點頭。姑媽縫上了珠子，讓海倫興奮不已。但是，沒過多久，海倫的興趣又轉移了，布娃娃被她扔在了一邊。

剛到巴爾的摩，他們就迫不及待地去了齊夏姆醫生的診所，醫生熱情地接待了海倫。檢查一番後，他表示無能為力，不過，他說海倫可以像其他孩子一樣接受良好的教育，並建議父親帶海倫去華盛頓找亞歷山大·貝爾博士，說他也許會給海倫提供有關聾啞兒童學校以及師資的資料。

家人聽了齊夏姆醫生的建議，立即啟程帶海倫去了華盛頓。

到了華盛頓，海倫順利地見到了貝爾博士，雖然當時海倫還是個不懂事的孩子，但是貝爾博士的溫厚和熱情令海倫永生難忘。他把海倫抱在膝上，讓海倫玩弄他的錶。他的手錶響起來，讓海倫可以感覺到錶的震動。

醫術高明的博士，懂得海倫的手勢，兩人立刻成了朋友。

海倫並沒有意識到，這次會面竟會成為海倫生命的轉折點，成為海倫開啟生命、打開知識寶庫的鑰匙，成為海倫從黑暗走向光明，擺脫孤獨隔絕世界，進入友愛溫馨世界的開始。

貝爾博士建議父親給波士頓柏金斯學校校長，安納·諾斯先生寫信，請他為海倫物色一位啟蒙老師。

西元 1886 年夏天，父親立即寫信求助，幾個星期後收到了熱情的回信。教師已經找到了。西元 1887 年 3 月，蘇利文老師來到海倫的身邊。

從此，海倫感覺自己走出了埃及，站在了《聖經》中上帝授摩西十誡的西奈山前，一時靈感通遍海倫的全身，眼前展現出無數奇景。從這座聖山上發出了這樣的聲音：「知識是愛、是光明、是智慧的源泉。」

蘇利文來到海倫家

西元 1887 年 3 月 3 日，海倫 7 歲，安‧蘇利文‧梅西來到了海倫的身邊，這一天在海倫的一生中至關重要，因此海倫記得特別清楚。蘇利文的到來，給海倫帶來了與以前截然不同的生活，這令海倫一生感慨萬分。

那天下午，來到車站接人的，神情緊張的凱特太太開始默默地祈禱：「上天保佑！她今天能來！」

人們開始陸陸續續走出車廂，其中有一個人看起來好像就是那個年輕的女家庭教師。她的年紀應該和我差不多，挺和善的，凱特太太這樣想著。她們竟然是一見如故！

沒過幾分鐘，她們乘坐的馬車就駛入凱勒家的莊園。蘇利文十分興奮，她並沒有注意到眼前的漂亮房子，而是非常急迫地想見到海倫。於是她急切地問：「海倫呢？她在哪裡？」這時，她的目光在四處尋找，但是她沒有找到海倫。

地面的顛動讓海倫感覺到，馬車已經駛進大門了。她全神貫注地等候，想著怎樣才能跳上馬車。

「這個可憐的女孩怎麼沒有人關心？」這是蘇利文最先想到的問題。後來她才知道海倫太調皮搗蛋，她不希望任何人來管她，所以沒有人敢靠近她，否則她便會大發脾氣，怒氣衝天。

蘇利文踏上臺階時心情有些沉重。她的腳一踩到臺階，海倫馬上轉過身來，她知道有人從大門口向她走過來，她感覺到了地面傳來的震動。

海倫認為是媽媽回來了，因為這幾天媽媽經常出門，海倫無法用語言來表達她的喜悅心情，於是她張開雙臂，跳進人懷裡，然而接住她的卻是蘇利文。

不，不是媽媽！於是海倫似一隻被網羅住的困獸，用力掙脫出陌生人的懷抱。蘇利文沒有經驗，反而把她抱得更緊了。這下海倫憤怒了。

情急之下，蘇利文急忙鬆開了抱著海倫的手臂，忍不住問道：「為什麼？是我做錯了嗎？」

凱特太太早已看出，蘇利文已經有些體力不支了，於是說：「亞瑟，請先帶蘇利文到她房間休息吧！至於其他的事，有時間再說吧！」

對凱特太太的細心關懷，蘇利文十分感激地向她微微一笑，然後跟上凱勒上尉走上樓梯。

「海倫不會受到驚嚇吧？」蘇利文邊走邊說：「我看她愣了一下，然後就拚命地想掙脫，希望我沒有讓她害怕，她似乎什麼都不怕。」

「妳說得一點都沒錯，問題就出在這裡，她從來不會害怕任何東西。」凱勒苦笑著回答。

　　凱勒一家專門騰出一個房間作為蘇利文的房間，並粉刷裝飾成淡雅的白色。凱勒把蘇利文的皮箱放在地上，然後說：「妳先休息一下。」

　　海倫一直跟在他們身後，也來到蘇利文房間。凱勒做了一個手勢示意帶她走，蘇利文說：「讓她留下來吧！我們也互相認識一下，反正遲早會有這麼一天，早認識會更好一些，您放心，她不會讓我感到麻煩。」

　　接著，蘇利文打開皮箱，開始整理自己的衣物，她不想去討好海倫，這對她的教學沒有好處。

　　海倫對眼前的這個陌生人充滿了好奇，她不停地開關蘇利文的皮箱，還用髒兮兮的小手摸來摸去。蘇利文說：「妳真是個頑皮的孩子！」

　　蘇利文的旅行便帽就放在桌子上，海倫摸到後，似乎知道是什麼東西。蘇利文看她把帽子拿起來，戴在自己的頭上。然後站在鏡子前上下打量，好像對自己現在的樣子十分滿意。

　　蘇利文不禁啞然失笑：「這個頑皮的孩子學得可真像，妳看過媽媽這樣照鏡子，是不是？」她突然意識到海倫又聾又盲，而這一點自己居然忘記了，還一直對著海倫喋喋不休。

　　海倫聰明靈巧，與她在一起的時候，幾乎讓人忘記她是個殘障兒童，忘記她沒有視覺和聽覺。蘇利文看著她用自己

的小手把帽子下面的帶子解開，然後海倫又去別的地方找她感興趣的東西去了。

「妳已經學會很多東西了，我可以負責任地說。妳的小手用不了多少時間就可以充當妳的眼睛。妳可以用手做很多事，是不是？這些對妳來說是太簡單了！過幾個星期，妳就要學習用手來讀書和寫字了，那時，妳的手會幫助妳打開桎梏，讓妳自由。」

夜幕降臨，一切都歸於平靜。蘇利文筋疲力盡，晚上沒有做夢，睡得很香。

蘇利文原本不願意當家教，但是從柏金斯盲人學校畢業以後，這是她唯一的就業機會。於是她接受了這個職位。

蘇利文在擔任家教之前，曾經仔細研究許多典型的盲童資料，以備日後作為教學參考。她知道給孩子當老師是一件非常困難的事，但是她並不十分清楚，到底有多大的困難。

盲童生活

啟蒙教育

世界上最美麗的東西，看不見也摸不著，要靠心靈去
感受。

—— 海倫‧凱勒

第一課不歡而散

蘇利文的皮箱中有一個可愛的洋娃娃，那是柏金斯學校的學生們在她離開波士頓時送給她的。娃娃是大家共同出錢買的，由蘿拉縫製了一件漂亮的外衣，是孩子們送給蘇利文的禮物。

蘇利文本想找個適合的時間作為禮物送給海倫，可是現在，好動的海倫早已從皮箱裡把洋娃娃拿出來了。

洋娃娃！這個形象既熟悉又親切，第一課就從它開始吧！在海倫房間裡有一大箱大大小小形狀各異的娃娃，看來，娃娃是海倫的親密伴侶。

「這是個不錯的開始，而且事半而功倍！」蘇利文決定就地取材。她拉住海倫的手，在掌心中拼寫：「DOLL，即娃娃。」

海倫馬上抽回她的手，她一向不喜歡人家摸她。但是蘇利文的這個舉動引起了海倫的興趣，她的好奇心克制了厭惡感，當蘇利文再次拉她的手時，她也就不再反抗了。

蘇利文一次又一次地在海倫的手掌上描畫著「娃娃」這個字，然後她讓這個迷惑的小孩拍拍娃娃的頭，把娃娃放進海倫懷裡。蘇利文一直重複著這兩個動作：拼寫、拍撫娃娃。海倫先是莫名其妙地站著，接著便聚精會神地感觸手掌中的描畫。

「蘇利文，妳們在玩遊戲嗎？」凱特手上抱著滿滿一堆髒衣服，笑著問蘇利文：「也跟我分享一點啊！我不會妨礙妳們的。」

蘇利文微笑地看著她，這也許就是緣分吧！從相見的第一眼開始，她們便十分投緣，進而友誼滋長。對此，蘇利文心中有數。

「讓妳看看！」蘇利文舉起海倫的手：「我把字形寫在海倫手上，讓她慢慢學習使用手語。」

蘇利文拉過海倫的手，迅速揮動手指在海倫的手上寫下幾個字。凱特太太迷惑地看著蘇利文的這一連串的動作。

「我寫了『你好嗎？天氣很好，是不是？』」她向凱特太太解釋。她又轉向海倫：「海倫未來的生活只能依靠這雙手，這雙手可以代替她的眼睛看，代替她的耳朵聽。」

「今天早晨，我就在她手上拼寫了『娃娃』這個字，等她會拼這個字時，我就把注意力引到她手上抱著的洋娃娃身上，我要讓她在心裡建立起字與物體的相互關係。」

「看，她開始模仿我描畫了，她寫出來一邊，好，再加一筆。」蘇利文彎下腰，情不自禁地幫著海倫寫完了那個字，然後說：「妳看，我的方法是不是很有效？」

蘇利文看到，凱特太太臉上閃過一線希望。

「這僅僅是個開始！現在她還不懂得字的真正意義。」她趕緊解釋：「這個只是一種模仿動作，海倫寫出『娃娃』這個

字，一定沒有想到這個字代表了娃娃的實體。找到字和物體之間的相互關係還需要一個過程，我想，總有一天，海倫會明白的，對嗎？」

怎樣才能讓凱特太太明白這一切呢？蘇利文停下來想了想，然後接著說：「學習一些字以後，要會利用它，這是非常困難的一件事，不過只要人能想到，就一定能想辦法做到！」

蘇利文又轉向海倫說：「好吧！海倫，我們繼續玩遊戲。」她伸手拿開娃娃，要海倫在她手中拼寫「娃娃」後，再把娃娃還給海倫，她要加強字物相關在海倫頭腦中的印象。

對於這些，海倫完全不理解，她只知道這個陌生人從她手中拿走了娃娃。她因生氣而漲紅了臉，喉嚨裡發出咆哮聲，緊握拳頭，轉瞬間像一頭凶悍狂暴的野獸向蘇利文撲過來。

蘇利文急忙把娃娃扔到一邊，免得娃娃遭受池魚之殃。

海倫的拳頭堅硬無比，蘇利文好不容易抓住她的雙手，這讓她出了一身汗 —— 真是個凶悍的小女孩！

「蘇利文，蘇利文，請把娃娃還給她吧！」凱特太太央求。

「不，這絕對不行，她會因此而得寸進尺。如果一味讓她這樣任性，我還能教她嗎？」蘇利文回答。

「不給她的話，她不會安定下來，會一直鬧下去的。」

「不行。」她一邊與海倫搏鬥，一邊拒絕：「我要馴服她，讓她服從我的安排，而不是用暴力去抵抗。」

「可是蘇利文，她根本就不知道什麼是服從！我們沒辦法教她懂得這些，求求妳，還是把娃娃給她吧！」

「看來，我第一項工作是讓她學會服從，然後才能教她學習。」

海倫和蘇利文互不相讓，繼續在地上糾纏，最後海倫癱在蘇利文懷中。

「哈！妳總算放棄了。」蘇利文暗自稱快。

海倫是不會輕易屈服的，當蘇利文舒了一口氣，鬆開手的時候，海倫抽身飛快地逃出房間。

蘇利文望著海倫的背影，憐憫之情油然而生。「好吧！這一次就這樣吧，也許我太急於求成，讓她難以接受了。看現在的情況不能操之過急，不能用太強硬的手段。我需要一段時間，一步一步來！這可實在不容易！」

師生之間的較量

這幾天下來，讓蘇利文慢慢心領神會。她豁然開朗破涕為笑：「老天，我當她是誰？」她期盼海倫像資料中的盲童一樣溫柔、哀怨、蒼白，從黑暗寂靜的彼岸頻頻感恩。

可是海倫生龍活虎，像一頭小猛獸，她不是溫柔的盲童，她會伺機報復蘇利文。

蘇利文明白了一個事實，海倫被寵壞了，這是千真萬確的。家裡每個人都同情她、呵護她、讓著她。

7 年來，盲目的憐憫、寵愛增長了海倫肆無忌憚的任性，她一生氣大家就得乖乖地服從她，她儼然一副小暴君的模樣。

對於蘇利文的出現，海倫一直任性、發脾氣，另一個原因是害怕。

海倫對這個陌生人產生了恐懼，她感覺得出來，蘇利文慢慢蠶食了她 7 年來的生活習性。

這也許是微不足道的小事，但是對於海倫來說，這是她唯一的生活方式，沒有人打開她的心扉，引導她走向黑暗世界外的燦爛、多姿多彩。

海倫從小就生活在黑暗寂寞中獨自探索，獨自奮鬥。她年幼無知，不懂得如何排遣無法與外界溝通的絕望感，只有用揮拳、踢腳、尖叫、躲避，來排解她的焦躁情緒和心中的不安。

　　有一天，凱特太太把一疊乾淨毛巾交給海倫，示意拿去給「陌生人」。海倫順從地拿了上樓，半途中她把毛巾丟在地上，用力踩踏，然後獨自上樓，躡手躡腳地來到蘇利文的房門前。哈！她摸到了鑰匙插在鑰匙孔。

　　她飛快地轉動鑰匙並迅速地拔出來，飛快地下了樓，將鑰匙塞進大客廳裡的一個抽屜下，然後溜之大吉。

　　聽到門口的咔嚓聲，蘇利文走過去，想看個究竟，可惜遲了一步。厚重堅固的門從外面鎖上了，蘇利文在房裡大叫，凱特太太和廚師聞聲跑了過來。

　　「蘇利文，發生了什麼事？」凱特太太從外面喊。

　　「她把我鎖在裡面了。」

　　不用問，外面站著的兩個女人都清楚「她」是誰。

　　「她看起來挺乖的，怎麼會做這種事？」廚師半信半疑。

　　「沒錯，就是她。」蘇利文強壓怒氣，在房間裡氣憤地說：「這個小孩該好好管教管教，請問這個房間的鎖還有備用鑰匙嗎？」她們只好派人把凱勒找回來。

　　凱勒從穀倉拿來長梯，爬到蘇利文房間窗口。他舉起蘇利文，把她扛在肩上，兩個人平平安安地下來了。

　　既尷尬又惱怒的蘇利文羞得滿臉通紅，院子裡擠滿了看熱鬧嬉笑的僕人和幫傭的農夫。一位淑女在眾目睽睽之下，像一捆棉花般被人從三樓扛下來，這簡直太丟臉了！

過了一段時間，蘇利文冷靜下來了。蘇利文心平氣和地想：「其實整個事情就像一幕鬧劇。」凱勒想到蘇利文的窘態，忍不住笑著問道：「蘇利文，妳覺得我們的小海倫還可愛嗎？」

「我想有一點我不必擔心。」蘇利文酸溜溜地回答。

「哪一點？」

「她很聰明！凱勒。其實，我剛開始的時候很擔心她的腦袋是不是很遲鈍。現在看來她很聰明，如果不嫌她刁蠻頑皮，她可以抵 10 個小孩的智慧呢！」

蘇利文說完轉身就跑，她不想再被人取笑了。

蘇利文與海倫之間注定是一場持久戰。她們有時針鋒相對，有時彼此觀望，互相試探對方。但是蘇利文對海倫還是滿懷希望。她想：「再給我一點時間，她一定會有所改變的，我對自己有信心。」

不久後，她們之間發生了一次大戰，這使她們各自的立場發生了改變。她們都開始計較得失了。

餐廳成了她們彼此交鋒的戰場。在餐桌上，海倫一向不遵守規矩。她明知如何使用刀叉和湯匙，但她從不使用，她似乎更喜歡用手來代替餐具。

她如果只吃自己的也就算了，更過分的是她先吃自己盤子裡的食物，然後再吃別人盤子裡的。她的鼻子十分靈敏，

能將他人盤子裡的不同菜餚和香味分辨得一清二楚。

對於這一點，蘇利文不得不佩服她擁有超強的嗅覺。但她看到海倫汙穢的小手伸到別人盤中，恣意抓起自己所喜歡的菜時，覺得實在不是滋味。但是如果海倫不去侵犯她的盤子，她不願惹是生非。

一天早晨，全家人都在餐桌上用早餐。海倫走到蘇利文的椅子旁邊。她聞到香腸誘人的香味從陌生人的盤子裡飄溢出來。香腸是海倫最喜歡的食物，但它在陌生人的盤子裡，海倫猶豫了一下，不敢貿然靠近。

海倫又圍著餐桌走了一圈。嗅覺靈敏的她，知道別人盤子中的香腸已空，於是她走到陌生人旁邊。香腸的香味讓她垂涎欲滴，她難以抵抗誘惑，終於向陌生人的盤子飛快地伸出了手。

「啪！」海倫的手被按在了桌子上。海倫想要把手縮回去已經不可能了，她的手被蘇利文按著，無法動彈。然後，海倫的手指被蘇利文慢慢地從香腸上剝開。

凱勒問：「妳這是什麼意思？」

「我拿回屬於自己的香腸。」蘇利文冷冷地回答。

「蘇利文，妳為什麼要和一個身障孩子計較呢？我們總該有雅量容忍她一點吧！」在凱勒眼中，蘇利文太不通情達理了。

　　蘇利文簡直怒不可遏，但是她還是強忍著沒有爆發。為什麼凱勒家的人總是喜歡在中間插手？

　　「凱勒先生，你可能沒有想過，海倫如今已經被寵得無法無天了，她根本不知道什麼是對、什麼是錯。我知道海倫可憐，殘障、受挫折、自暴自棄，但是你一味地縱容她，會毀掉她的一生。」

　　「夠了，蘇利文！」凱特憤憤地站起來：「只要我在的時候，我就不允許別人剝奪我的孩子吃飯的權利。」

　　這番話激怒了蘇利文，她不甘示弱地大聲說：「只要有我在，我就不允許我的學生亂動別人盤子裡的食物。」

　　凱勒繼續說：「蘇利文，請妳搞清楚，這是凱勒家的餐廳，只要我在就不准任何人干涉海倫。」

　　蘇利文冷笑道：「那好吧，凱勒先生，請您出去吧！我要在這裡教我的學生如何用餐。」

　　「真抱歉，蘇利文。」凱特聽到丈夫威脅的口氣，趕忙丟下餐巾，站到他旁邊向他耳語：「親愛的，你答應過蘇利文讓她按照自己的方式教育海倫的，是不是？我可以保證她在盡力而為，相信我。」

　　看來局面已經難以控制了。凱特急忙對丈夫說：「其實都是為了海倫好，這也沒什麼大不了的，讓我慢慢跟你解釋。我們出去吧！親愛的！」她溫和地挽著丈夫，帶著家人走出了餐廳。

現在餐廳裡只剩下蘇利文和海倫兩個人了。

蘇利文從座位上站起來，來到門前將餐廳的門鎖上了，然後把鑰匙裝進了自己的口袋。海倫還在地上打滾，蘇利文也不理會她，徑直回到自己的座位。

她拿起刀又繼續吃早餐。看到香腸，她心想，這簡直難以下嚥。為了讓海倫體會已經沒有人關心她的無賴，蘇利文只好勉強地享用冰冷的早餐。

半個小時過去了，蘇利文仍然在那裡吃飯，海倫繼續在地上打滾。海倫終於自覺無趣，突然感覺屋子裡只剩下她自己和那個陌生人了。

其他人呢？其他人都去哪裡了？為什麼沒有人理睬她，像從前那樣哄她了？突發的好奇心讓她忘記了發脾氣。

陌生人在做什麼呢？海倫走過去想探個究竟。哇，原來她在吃東西呢！海倫一手拍拍蘇利文的手臂，另一隻手偷偷伸到蘇利文的盤子裡。蘇利文推開了她的手。飢餓難忍的海倫再次飛快伸出手來，結果又被蘇利文用力推開了。

海倫生氣了，她伸出手狠狠擰了蘇利文的手臂，蘇利文立刻用力打了她一巴掌，一點都不客氣。

反擊像閃電一樣，海倫害怕了，以前從來沒有人這樣對待她。她痛徹心扉，體會到了傳遍全身的痛楚。

她再次用力擰蘇利文，蘇利文則以牙還牙，以眼還眼，再次毫不猶豫地回擊海倫，火辣辣的耳光再次飛過來。

　　海倫改變了策略，想去別人那裡求援，可是她發現座位都是空的。她衝到門邊，用力拉了門，門早已被蘇利文鎖上了。

　　她想到鑰匙一定在鎖頭上，可是她想錯了，鑰匙在蘇利文的口袋裡。她第一次體驗到無依無靠，與陌生人單獨相處，與敵人同困一室的感覺。她已經筋疲力盡了。

　　看到無奈的海倫癱坐在地上，蘇利文於心不忍地說：「哎！海倫，不要怕，沒有人想傷害妳。」只要蘇利文靠近一步，海倫就退後一步。出於自衛的本能，海倫與陌生人盡量保持一定的距離。

　　這種方法再次失敗了，蘇利文無奈地嘆了口氣：「也許把她鎖起來太殘忍了，也許期望值太高……不，不！不應該心軟，無論如何應該堅定信心，不能動搖。」蘇利文作出此決定後，便繼續回到餐桌上，裝腔作勢地吃起索然無味的早餐。

　　沒過多久，海倫也覺得餓了，陌生人依然坐在餐桌旁，她不敢靠近。可是飢餓難耐，她只好站起來，繞道回到自己的座位上，開始用手抓麥片往嘴裡塞。

　　蘇利文又嘆道：「這可不行，妳還這麼頑強地堅持著。本以為妳能夠感覺到什麼，可是妳又回到了原來的樣子。其實妳應該明白的，但妳就是不承認錯誤，故意與我作對。我絕不允許妳這樣做，不！絕不輕易放棄。」蘇利文走過去，把湯匙遞給她。

海倫接過湯匙便用力扔在地上。蘇利文把她從座位上揪起，押著她撿地上的湯匙，讓她坐正。蘇利文的手剛強有力，不讓海倫掙脫，強迫她用湯匙去喝。

海倫開始一口一口地喝，蘇利文放心地鬆開了手。但是她剛鬆開手，海倫就把湯匙擲向蘇利文。讓海倫學會順從實在不容易！

蘇利文急忙閃開，湯匙落在地上，發出清脆的響聲。看來整個過程都必須重新來過。

海倫怒叫、踢打，蘇利文只好強制她規規矩矩地吃早餐，最後蘇利文放手時，海倫終於不再反抗了。

她餓極了，經過這一陣的糾纏，她已經筋疲力盡了，只好順從地把早餐吃完，以補充消耗過多的體力。

海倫的早餐快要吃完的時候，蘇利文以為這次教學該結束了，但她又想錯了。桀驁不馴的海倫舀完盤中的最後一口，用力拽下餐巾，又一次扔在了地上。

「天啊！妳太刁蠻了！好吧，妳不是倔強嗎？我比妳更勝一籌；妳有力，我比妳更有力；妳有耐心，我比妳更有耐心！今天如果妳不能按照我的要求去做，我就不會讓妳離開餐廳，現在妳得撿起餐巾，並且把它疊整齊。」

蘇利文為了讓海倫疊好餐巾，又與她奮戰了一個小時。她們互不相讓，海倫最後終於癱倒在地上，喪失了鬥志。

海倫的手指循著蘇利文的指揮把餐巾對角折一遍，然後再對角折一遍，最後把餐巾疊好。蘇利文終於鬆一口氣了。這是她上的最重要的一堂課，也是最費力的一堂課。這時海倫也如釋重負跌坐到座位上。

蘇利文疲倦地打開門。「時候不早了，該走出這個門了！美好的早晨就這樣消耗在餐廳裡了，真是可惜，不過只要能教好海倫，浪費多少這樣的早晨都值得！」蘇利文聽到廚房裡傳來了準備午餐的忙碌聲。

「胃難受極了，哪裡還吃得下午餐？」蘇利文無精打采地坐在草地上嘆息著。

海倫獨自在花園裡玩，蘇利文悄然回到自己的房間。她被海倫折磨得筋疲力盡。回去後，她淚水禁不住流了下來。房間裡一片寂靜，蘇利文躺在床上，大腦一片空白。

實施單獨訓練

在大門口的樹蔭下，凱特太太獨自一人坐在那裡。她身旁擺著一籃舊襪子，可是心亂如麻，哪裡還有心思縫補！

整個早上，她都在為海倫擔心，餐廳裡傳來的陣陣碰撞聲都讓她膽顫心驚。難道僱用蘇利文來教育海倫錯了嗎？難道她只能站在一旁，眼睜睜地看著身障的女兒備受折磨嗎？

「現在該怎麼辦呢？」凱特內心充滿矛盾，十分絕望。整

個上午都心不在焉，不知被縫針戳了幾百次。

　　過了一會，蘇利文出現在門口，是特意來找她的。

　　「凱特太太，我到處找妳。我們可以談談嗎？」

　　「當然。」凱特爽快地說：「我也正想找妳聊一聊呢！」

　　蘇利文沒有耐心先聽她說，於是搶先說道：「我在房裡左思右想，要教海倫只有一個方法，那就是海倫得離開家人，否則我們會兩敗俱傷，對誰都沒有好處。」

　　「什麼？離開家人？」凱特吃驚地說。

　　蘇利文本想說一些溫和的話表達自己的想法和做法。最後逼得她沒辦法，只好實話實說：「凱特太太，在來這裡之前，對幾個盲童的病歷和學習過程我曾經深入研究過。那時我太單純，以為這樣就可以教海倫與人溝通的種種方法。可是事實並非如此，海倫的性格中充滿了野性，似一匹野馬，桀驁不馴。現在最重要的是要馴服她的野性。這些年來，她對刁蠻、任性不講道理的惡習已經習以為常了，因此必須讓她改掉這些惡習。」

　　不待凱特開口申辯，蘇利文又繼續說下去：「凱特太太，我知道妳們都可憐她、寵愛她、縱容她，不分青紅皂白，一切都聽她的。其實妳們一味地滿足她，會毀掉她的一生。妳們慣壞了她，這是她不聽長輩、刁蠻任性的原因。如果妳們能夠明白這一點，妳們就應該支持我。」

「在以後的日子裡，一定還會發生像今天早上這樣的事。現在有兩條路：一條是不管她、隨她去，她不明白我的用心，而我又要違背她的意願。最後，她不再讓我接近。長此以往，她比一隻家畜好不了多少。她的存在，充其量像凱勒家的一匹桀驁不馴的馬罷了！另一條路就是……」

凱特傷心地哭起來：「那我該怎麼辦呢？難道一點希望都沒有嗎？」

「別灰心，凱特太太，她還有一線希望。」蘇利文柔聲說道：「如果我們離開這裡，就會有轉機，會有希望。如果讓她繼續有依靠，那麼她就會一直與我作對，爭鬥也會無休無止，最後她會恨我到極點。這樣子會毀掉她，我也只能離開了。」

「答應我吧，凱特太太，給我個機會，讓我帶她離開家，單獨相處一陣子，讓我和她能夠冷靜地互相溝通。讓她了解我、信賴我，事情就會有轉機。請你務必答應我！」

蘇利文坐在椅子上，身體不自覺地往前挪，只差沒有跪下來懇求凱特。

凱特半信半疑，她一臉茫然地看著蘇利文。

「凱特太太，這是唯一能夠挽救海倫的辦法了！」

「好吧！」凱特勉強答應了。她繃著臉說：「海倫的父親一定不會同意的，一定會憤怒不平，這個難題就交給我吧！

我一定會說服他的。」

「謝謝妳，凱特太太，我保證一切順利。我們去哪裡住呢？」蘇利文興奮地說。

「花園裡的小屋子比較合適，而且就在附近，也很方便，雖然只有一間房子，但十分乾淨整潔。」

「一間房是最好的，那樣，海倫和我可以同住一間。」

凱特從蘇利文興奮的表情中，似乎看到了新的希望，但她一想到該如何來勸說自己的丈夫時，她又不由得皺了一下眉頭。

果然，丈夫的態度不出凱特所料，他一聽到這個提議後十分生氣。他急急忙忙趕回家，要解僱這個總是想鬼點子又十分頑固的北方女孩。

凱勒氣急敗壞地說：「什麼？這是什麼鬼點子？我不同意！堅決不同意！讓我的小海倫和這個女孩待在一間屋子裡，這算什麼事？我的小海倫要是出了什麼意外，她能負起這個責任嗎……」

凱特走過去，把手放在丈夫的嘴上，打斷了他的話。凱特認真地對丈夫說：「你看，就在花園的小屋子，我們可以隨時去看，只是我們不能去破壞蘇利文的計劃就行了。如果這樣一味地縱容我們的女兒，她會變成一匹小野馬的，難道你希望女兒的脾氣越來越壞？」

「什麼？野馬！這是誰告訴妳的？是那個北方女孩？她憑什麼這麼說？」凱勒不高興別人這樣批評自己的女兒。

凱特微笑著看著凱勒回答：「親愛的，誰說的真的重要嗎？難道你不覺得海倫的脾氣已經越來越壞了嗎？所以，我們應該相信蘇利文，相信她能夠改變海倫的，只要有希望，為什麼我們不試一試呢？」

凱勒長嘆一口氣，小聲地說：「嗯！妳等等，讓我想一想……」

凱特看到丈夫有了緩和的餘地，急忙耐心地重複一下蘇利文的話：「這是最後一線希望，這是唯一的一條出路……」

她提醒丈夫別無他法。何況花園小屋環境幽靜，又近在眼前，讓蘇利文和海倫在那裡住一段時間又有什麼關係呢？凱勒雖然百般不願意，但凱特的話句句在理，凱勒最終妥協了。

「但是，我給她兩個星期的時間，以兩個星期為限。除此之外，要讓我們每天能夠見到海倫。」凱勒堅持說。他要在兩個星期之後看到海倫的變化。

凱特想：「兩個星期怎麼夠？」但她怕丈夫變卦，不願違背他。

蘇利文知道凱勒的要求後堅決反對，她與凱勒同樣固執，他們為此各不相讓。最後，蘇利文通融凱勒家人可以每天偷偷看海倫，但不能讓孩子知道家人就在身邊。他們只能

在小屋外面，從窗戶窺望，不能走進小屋。

　　從第二天早晨開始，海倫的新一階段訓練正式啟動。每一回合，海倫都訓練到精疲力竭才停下來養精蓄銳，準備下一場戰鬥。過了三四天後，模式稍有改變。雖然海倫依舊脾氣倔強，但是蘇利文能夠明顯地感覺到發作的次數逐漸減少。

　　她開始注意周圍的事物，同時每天模仿學寫一些字。有一天，竟然整天沒有發脾氣。

　　海倫開始漸漸接受蘇利文了，她不再拒絕蘇利文的撫摸，這是多麼激勵人心的事啊！蘇利文的試驗總算初見成效了。

　　海倫的變化都被凱勒看在眼裡。一天早上，他從窗外看進去，看到女兒在串一粒珠子。第一粒大而粗糙，接著兩粒小而光滑，第三粒有三個稜角。海倫小心翼翼地按順序把珠子串成串，一點都不含糊。她興致勃勃地串著，神情是那麼專一，而且一點錯誤也沒有。

　　「多麼安靜啊！」凱勒感觸良多，「難道凱勒小看了這個北方女孩？她對自己的所作所為真的很有把握嗎？願上天保佑她！」

　　這個野蠻的女孩海倫終於學會了服從。在學習過程中，海倫向前邁進第二個階段：引導海倫和外面的世界接觸，對整個世界有一個整體的概念。

蘇利文和海倫每天待在一起，形影不離。她坐在海倫旁邊。不間斷地在海倫手裡拼字，日日如此。過後，海倫把這些字形重拼在等待著的蘇利文手中。

海倫每時每刻都在認真學習，終於能拼出 21 個字 —— 18 個名詞和 3 個動詞了。她會拼洋娃娃、杯子、釘子、水、帽子等。她越學越快，只是還沒有把字和物體聯繫起來。

「求求妳，海倫，快快學會吧！」蘇利文誠心祈求。花園小屋的兩週期限立刻就到了，她多麼希望海倫能脫穎而出給大家帶來驚喜！她渴望海倫能夠體會字中所含的意義。

這是離開花園小屋的最後一個下午了，凱勒走進屋裡。「蘇利文，我們回家吧！動作快的話，我們還可以在一起吃一頓豐盛的晚餐呢！」

此時，海倫正在屋子角落的火爐旁玩耍。她突然感覺到空氣中不同的振動頻率，她抬頭嗅一嗅，那是爸爸的氣味！她驚喜地叫了一聲，奔向爸爸的懷抱。

父女緊緊擁抱著。海倫偏著頭來聞一聞，另一種她很熟悉的氣味。噢，心愛的獵狗也來了！

海倫在房中摸索，終於雙手抱住毛茸茸的一團 —— 她的老朋友貝利。

蘇利文嚴肅地對凱勒說：「請你再給我幾天吧！你看得出來她多麼愜意，你一定不能相信她學得有多麼快。我答應

您，再讓她集中精力學幾天，我們就回去，這一階段的學習也可以暫時停下來。」

蘇利文知道，通情達理的凱勒會答應她的請求。蘇利文愉快地去分享父女重聚的歡樂。

這時凱勒疑惑地問：「蘇利文，她在做什麼？」

這時，蘇利文微笑地看著海倫，她正屈膝坐在地板上，抬起貝利的一隻前腳，手指在狗掌上來回描畫。原來，她在貝利腳掌上一個接一個地拼著字。

蘇利文不停地笑著說：「這個頑皮的海倫，她正在教貝利拼字呢！」

「哈哈！」凱勒不禁開懷大笑：「太可愛了！太可愛了！狗怎麼學拼字？」然後，他如夢初醒喟然嘆息：「蘇利文，妳是說我們的海倫會寫字了？」

「啊！真是太好了！我們快快整理東西回家，大家都十分想念海倫，她會給大家一個驚喜！」凱勒說。

於是她們一起回家了。

來自水的靈感

　　回家後，蘇利文和海倫依舊每天學習拼字。蘇利文不厭其煩地教，海倫認真地學，她們過著平靜而快樂的生活。

　　一天早上，蘇利文在海倫手中拼寫「杯子」，然後把一個杯子遞到海倫手裡讓海倫觸摸。

　　海倫順從地在蘇利文手中拼回「杯子」。對於這種遊戲她早已熟知了，所以提不起多大興趣，有些心不在焉了。

　　窗外百花爭豔、草木青翠，濃濃春意已讓海倫魂不守舍了。她拽著蘇利文的衣袖，想讓蘇利文帶她出去玩。

　　「不行，」蘇利文繼續拼著：「等一會再去，先把課上完。」

　　海倫感覺蘇利文又在她手上寫了一串東西，但這是什麼呢？她根本弄不懂這些字代表的意義。

　　這些日子以來，她知道這個陌生人想要她掌握一些東西，但這些東西始終讓她迷惑不解，而她又不知道如何回應陌生人的心聲，這令她十分沮喪。

　　哦！除了這些原因外，窗外花朵吐蕊芬芳，青草散發清香，春天正在呼喚呢！她再次用力猛拉蘇利文的手。

　　蘇利文看出她似乎要生氣了，只好順著她說：「好吧！好吧！現在我不想和妳爭鬥！」

　　師生二人牽手走到戶外，曬著暖暖的春日陽光，海倫在草地上像蝴蝶一般飛舞。她很久都沒有享受這樣的快樂了，

早把功課拋到九霄雲外了。

　　她們在花園中漫步、奔跑，毫無目的，完全放鬆。春暖花香，美好的大自然引發了她們的閒情逸致，但是頑固執著的蘇利文還在想著海倫早上完成的功課。

　　她們信步走到花園角落的古井。蘇利文拿起水桶把手，上下活動了幾下，水就從水龍頭嘩啦嘩啦沖出，水花濺了她們一身。這時，蘇利文急忙抓起海倫的小手放在清涼的水中，同時將「水」字拼在海倫濕淋淋的手掌上。

　　水太涼了！海倫掙扎著想抽回自己的手，可是蘇利文卻緊緊抓著不放，一次又一次，蘇利文不厭其煩地將「水」字寫了又寫。

　　突然，海倫似觸電般停止了掙扎，她開始全神貫注於手掌中的拼寫。「水」從她掌心輸入腦海，烙印心間。水！剎那間，她體會到了字和物體之間的聯繫。

　　原來手上流動的清涼的東西就是「水」，它們是同樣的。海倫臉上閃耀出頓悟的光輝。

　　她在蘇利文的手中不停地拼寫著「水」。她過去模糊不清的一切意境，在手指的揮動中逐漸清晰，現出輪廓，豁然領悟。此時此刻，在她手上涓涓滴滴流動的液體就是「水」，所謂萬物本相通，只是人有時難免被無知矇蔽罷了。

　　海倫的生命曙光似乎在這一刻出現了。她坐在地上笑著、叫著，用拳頭捶地。蘇利文激動地把她擁抱在懷裡。

　　時光寶貴，她才剛剛體會到文字的魅力，她迅速從蘇利文懷中掙脫出來，然後緊緊抓著蘇利文的手，要求學習更多的字。

　　海倫努力記憶著新的知識。她手舞足蹈，不停地用手碰水龍頭中流下的水。

　　蘇利文在她手中拼了幾次「水龍頭」。這回海倫學得非常認真，幾分鐘後，她終於將這 3 個字學會了。她讓蘇利文教她所有能摸到的東西。

　　學了幾個字以後，她突然停下來抬起頭，眉頭緊鎖。蘇利文知道她碰上了難題。

　　海倫愁眉苦臉，看起來好像又要發怒了。其實，海倫正在苦思冥想，以致於不斷用手敲打自己的頭。

　　蘇利文知道她在想什麼，不禁笑得前仰後合：「妳終於想到了。小搗蛋，來吧，把手伸出來！」

　　蘇利文慢慢地在她手中拼出「海倫」。

　　此時海倫面對蘇利文，靜靜站著，雙眸漸漸明亮閃爍，她知道了「海倫」這個名字就是她自己。

　　她又輕柔地拉著蘇利文的手拍了拍。蘇利文以為她表示「謝謝」，但是海倫繼續輕拍。

　　「噢，原來妳是想知道我是誰！」蘇利文開心極了，她彎下腰，在她手裡寫了「老師」兩個字。

　　然後，蘇利文又握著海倫的手，把她的手放在自己的臉上，從自己的額頭一直撫摸到自己的下巴。

　　摸完之後，蘇利文再一次在海倫的手裡寫道：「我是妳的老師！」

　　好！現在兩個人都有名字了。

　　初嘗知識的甜果，海倫便愛不釋手了。她跟在「老師」身後，不斷要老師教她新字。

　　這一天到睡覺之前，海倫已經學會了 30 個字。這一天的成果比過去的總數還要多，最讓人高興的是，海倫理解了這些文字所代表的不同意義。

　　海倫十分興奮，直至睡覺的時候，手指還在不停地動。她的眼皮深垂，手指卻還在畫。

　　蘇利文把海倫的手放到自己的嘴上，輕輕噓著：「今天學得夠多了！寶貝，還有明天呢！明天還會學得更多呢！」

　　說完，蘇利文結束了一天的課程。她幫助海倫洗漱完畢，並笑著抱起海倫放到兩人共睡的床上，輕輕按下被窩裡蠕動的小手。

　　蘇利文站在床邊，突然感到了前所未有的疲倦，她爬上床躺在海倫身旁，在涼爽的被單裡，她把腳伸直放鬆全身。

　　然而，美好的一天還沒有真正落幕，此時此刻，海倫躺在床上並沒有睡著。當她感覺到蘇利文已經上床躺下時，她

溜下床偷偷繞到蘇利文身邊，用手撫摸蘇利文的臉部，在蘇利文的臉頰深深一吻，然後又回到床上，依偎在蘇利文手臂裡甜甜睡去。

此時的蘇利文，感到無比幸福。

不斷理解文字涵義

蘇利文在海倫手中不斷地寫出新字，海倫學得十分認真，她急切地想把過去幾年浪費的時光補回來。結果，她做到了。

海倫在 4 月底就已經認識 100 多個字了。到了 5 月中旬，她學了將近 400 個字。另外值得一提的是，她還學會了許多成語。

此時，蘇利文覺得是該教海倫閱讀的時候了。她拿出她的教學設備 —— 一疊硬紙卡，每張卡上印了簡單的字，每個字都從卡上凸出，海倫可以用手指觸摸閱讀，這是她精心為海倫準備的。

蘇利文從中隨意抽出一張卡片。「盒子」，好吧！就用這一張。她把紙卡放在盒子上，讓海倫的手指撫摸紙卡上凸出的字，然後她把海倫的手放在盒子上，讓她感覺盒子的形狀、上下、左右、四面撫摸。她牽著海倫的手，一次又一次，先摸字，然後摸盒子，但是海倫依然弄不清楚這麼做的意義。

　　蘇利文又耐心地用其他字和東西去試探。但是，海倫還是無法搞懂，海倫苦苦思索，絞盡腦汁還是沒有辦法解開啞謎。

　　蘇利文認為是自己的方法不對，她又為海倫準備了盲人用的字母板。每當海倫右手指撫摸一個字母時，她立刻把這個字母寫在海倫左手掌心。海倫皺起眉頭，她了解左掌心的字母，可是右手指觸摸的是什麼呢？她百思不得其解。

　　海倫的手向第二個凸出的字母慢慢移動。蘇利文很快在左掌心寫出這個字母。海倫增加速度撫摸下面的一連串字母。蘇利文不敢稍有怠慢，就這樣一直跟隨著海倫寫下去。

　　已經寫到一半了，突然，海倫驚喜地笑了，她明白了。她笑眯眯的，好像表達著：黑暗的牢籠已開，廣大的世界，我終於有幸加入這一行列了。

　　海倫的進步是飛躍式的，她很快學會了這些字母，第二天，她學會了更多的字。她心花怒放，心滿意足，已不甘心學習紙板字卡，她渴望學到更多的知識。於是，蘇利文開始教她一些初級盲文。

　　蘇利文認為海倫的學習可暫停一下了，應該讓她休息調整一下，夏天本來就不適合學習。天氣變得非常炎熱，海倫緊張活躍的腦袋也該休息一下了，然而蘇利文發現，海倫學習的腳步已經無法停下來了。

一天早上，海倫接過蘇利文給她的紙卡。上面寫著：「早上老師要到樓下幫媽媽做事，海倫留在房間做功課。」海倫眉頭微皺，但還是點頭答應：「好。」於是蘇利文獨自下樓去了。

海倫感覺蘇利文走了，便無聊地把紙卡扔到一邊。她已認識了卡片上所有的字，留下這些東西還有什麼用呢？

海倫坐在窗前，覺得太寂寞了。她托著下巴，嘆了一口氣，心想：老師什麼時候回來？跟著老師下樓去嗎？哦，不，不！我不能去找老師，她囑咐我在房間裡等她。海倫又嘆了一口氣。

忽然，海倫似乎想到了什麼。她的手指在卡上摸觸。呀！這個字正是她要的，這一個字也是，其餘的呢？哦，原來都在這兒。

海倫興奮地從椅子上跳下來，走到櫃前打開櫃門。她很快用手指檢查一下手裡的紙卡，彎下腰，放幾張紙卡在地上，然後將剩下的紙卡緊緊地握在手裡。

她躲進衣櫃，傾聽著外面的聲響。過了一會，外面寂靜無聲，她又跑出來，站到房間門邊，抬起頭，一心一意注意大廳的動靜。她沒有感覺到震動，老師什麼時候才能回來呢？她等得有些不耐煩了。

過了一會，海倫又躲回衣櫃裡靜等。她太興奮了，以致無法控制自己。她的手指又檢查了一遍紙卡，把它們井然有序地放在地上。

　　海倫第一次感覺到時間過得如此慢，她無奈地在房間裡踱著。難道老師不回房間嗎？終於，她感覺到樓梯口傳來的震動，是老師嗎？她靜靜地感受了一下震動的頻率，沒錯，是她！

　　海倫雙手環抱在胸前，她太興奮了，她想像著老師看到空蕩蕩的房間，一定會到處尋找她。老師一定會想：海倫在哪裡？這個調皮的女孩怎麼不在房間等她？老師會去找海倫嗎？會的，一定會！

　　海倫猜得沒錯。當蘇利文踏進房裡，沒看到海倫時，她就四處尋找，她看到衣櫃的門輕輕搖動。這個小鬼又在搗蛋，蘇利文輕輕拉開櫃門，看見海倫坐在衣櫃裡。

　　海倫得意揚揚地將手中寫了「女孩」的紙卡拿給老師看，地上放的紙卡寫了「在」、「衣櫃」、「裡面」，那是海倫第一次自己組成的句子！

　　蘇利文太驚訝了！她慈愛的微笑在瞬間定格了，她呆呆地站著。我的小寶貝！淚水湧滿蘇利文的雙眸，她緊緊地擁住海倫，激動的熱淚成串地流下來。

　　蘇利文讓海倫坐在椅子上，然後拉著她的小手在上面寫下：「海倫讓老師非常快樂。」

開始體驗生活

昔日被鎖在空茫黑暗中的女孩,如今沐浴在智慧的陽光中,她不再孤單寂寞了。

她雖然不能看到多姿多彩的世界,不能聽到人世間的紛擾聲音,但是溝通和參與讓她變得快樂了。

海倫很快就學會了閱讀,她用手指說話,用手掌傾聽。不久,蘇利文就要教她如何使用鉛筆寫字了,她將學習布萊爾盲文,這種盲文被評為「盲啞者救星」。

等到她學會了讀書和寫字,她就可以真正地用文字表達她的所思所想了。

蘇利文知道周圍自然環境的重要性,她覺得教育不應只局限於書本知識,還應包括生活實際體驗。她要讓海倫接受全面的教育。

一隻小雞在啄破蛋殼的瞬間打開了微妙的生命之門,一隻花蝴蝶在海倫手掌中瘋狂地撲翅振翼;在馬廄裡,5隻小狗在地上翻滾嬉戲;垂釣時小魚輕咬魚餌的間歇抽搐,提收釣竿時拉緊的釣線。在戶外,蘇利文讓海倫撫摸感覺生活躍動的旋律。

每天早上,吃過早餐,師生兩人就會攜手出門,去凱勒碼頭學習。

為了解釋海倫心中的疑惑，蘇利文經常把躍動的青蛙還有蟋蟀交給海倫撫摸，讓海倫感觸蟋蟀在發出聲音時，後腿震動的頻率。

蘇利文讓海倫撫摸纖細輕柔的棉花球，然後教她「棉」字。對於野花的形態，海倫可以透過撫摸記住它，至於花草的繽紛色彩，只得聽蘇利文的仔細轉述了。

她們採擷太陽底下熟透的野草莓，聞它的芳香，品嘗它甜甜酸酸的滋潤感。

她們共享撫摸螢火蟲柔軟光滑的觸覺，從中得到樂趣。她們共享陽光烘曬草堆的芳香，從中體會生活的美好。

在田納西河的岸邊，海倫第一次學習「地理」。那是一個美麗的地方。

蘇利文蹲在泥地上，造出幾個奇形怪狀的大深坑、一塊平坦地、一些高丘。蘇利文彎腰舀了河水，將低窪的地方灌滿。

海倫好奇地問：「老師，妳在做什麼？」

「別急，海倫。」蘇利文不知道如何向她解釋：「過一會妳就知道了。」

海倫只好用手去感覺蘇利文的每一個動作和姿勢。等待著這堂不同尋常的課。蘇利文終於做完了。她用泥沙做了一個微型世界地圖。

蘇利文跟她講火山為什麼會爆發，火山爆發時噴出火焰的山頂的樣子，以及奔流而出的熔岩掩埋的城鎮；板塊曾經慢慢地移動，地球上本來是一片汪洋，所有的生物本來都是冰凍的；古地質時代巨大的怪獸，它們有尖小的頭，龐大的身體，在沼澤地互相撲鬥。

海倫聽得又愛又怕，簡直入迷了，她很驚訝地用手語說：「哦！天啊！這真是太神奇了，老師怎麼知道得那麼多？」

蘇利文在海倫的手掌上寫道：「因為我會學習，我會不停地學習、看書。如果妳也和我一樣看書、學習，妳也會學知道更多大自然的傳奇，學習到更多的知識。」

海倫從來沒有刻意地去學習那些困難的問題。因為很多複雜的問題，都是蘇利文經過簡化以後才教給她的。

後來，當她聽到一些人說地球本身的歷史平淡乏味時，她疑惑地寫道：「怎麼可能？」

在她看來，地球是個奇異、瑰麗而壯觀，有著各種事物的星球。她的智慧源泉起源於蘇利文在田納西河的泥塑。

對於海倫來說，蝴蝶撲翅、浩瀚的地球都不是最大的發現，而她的最大發現是找到了「自我」。

有一天，海倫居然會笑了！那就是蘇利文的傑作。

那天，蘇利文大笑著走進房間，她拉起海倫的手放在自己臉上，讓她感覺自己現在所處的狀態：笑吟吟的嘴型、顫

抖的喉嚨和搖動的身體。

海倫面露驚訝，十分奇怪。蘇利文在她手上寫了「笑」字，然後不等海倫發問，便把她按在床上搔癢。

老師笑著，逗著被扭按在床上的小孩，老師不停地寫：「笑」。海倫終於笑了，開始她只是淺淺地微笑，接著是笑容滿面。「咯咯」笑出聲音，最後哈哈大笑。

當凱特聽到海倫的笑聲時，她簡直難以相信這是真的。海倫在歡笑！她高興得熱淚盈眶，幸福地依偎在丈夫寬厚的肩膀上。「凱勒，凱勒，是真的嗎？我們又聽到海倫的笑聲了！」

蘇利文覺得海倫該接觸一些數學知識了，但是，數學是一種觀念，不是實質上的長短尺度或形態的大小，它無法用手指頭探尋。

有一天，蘇利文問：「海倫，如果妳有 1 塊錢，我再給妳兩個 3 塊錢，妳總共有多少錢？」

海倫想了想，用手語說：「17。」她在胡亂作答，顯得有些心不在焉。

「錯。」老師立刻在她手心寫道：「猜沒有用，不要那麼懶。來吧！用心想一想，這很簡單，1 加 3，再加 3，妳能夠想到的。」

海倫緊鎖眉頭，聚精會神地思考著。這時蘇利文用手指輕輕地敲了敲她的前額，把「想」字拼寫在她的手上。

噢！原來腦子裡的那些無名的念頭就是「想」，海倫恍然大悟。她終於明白了「想」的意義。她的思想因此而變得更開闊了。

學習的過程不總是順利而愉快的。事實上，學習的過程總是伴隨著痛苦。

有一天，蘇利文聽到一樓廚房裡發出可怕的尖叫聲，「天啊，發生了什麼事？」蘇利文這樣想著奔下樓去，她知道是海倫又惹禍了。

海倫受傷了？她急忙向廚房走去，在廚房的通道，她遇到了迎面趕來的凱特太太。

海倫沒有受傷，她正在發怒，向廚師薇妮大發雷霆。她發怒的樣子那麼嚇人！

經過幾個月的學習，她已經很久沒有發脾氣了，可是今天不知怎麼了，她又像以前那樣瘋狂地抓著、踢打薇妮，好像要將她撕成碎片。她把所有的憤怒都發洩到她身上。

蘇利文用力將海倫拉到自己懷裡，輕輕地撫摸她的背。然而，海倫激動的情緒一點也沒有減退。

於是，蘇利文拿起她的手，在她的手上寫著：「海倫，為什麼生氣？告訴老師原因。」

海倫一邊哭泣，一邊用顫抖的手指斷斷續續寫出：「薇妮……壞……薇妮……壞。」

蘇利文於是喊道：「薇妮，到底怎麼回事？」

「我也搞不清楚是怎麼回事！」廚師回答：「她把一堆小圓石頭堆在玻璃上，我怕玻璃碎了會傷到她，於是我就要把玻璃拿開，可是她就是不讓我拿。」

薇妮看著躺在地上又哭又叫的海倫搖了搖頭，她大惑不解，不知道自己做錯了什麼事。

海倫再次大發脾氣讓蘇利文感到無可奈何，她嘆了口氣，撫慰海倫回到房間。

海倫悄無聲息地走進房間，來到蘇利文身邊，她想親吻老師。蘇利文阻止了她，用手將她推開，然後在她手上寫下：「不，老師不讓頑皮的女孩親吻。」

海倫也反駁道：「海倫是好女孩，薇妮才是壞女孩。」

蘇利文又寫道：「海倫對薇妮又抓又踢，海倫傷害了薇妮。我不願讓頑皮的女孩親吻。」

海倫滿臉通紅地站在那裡，一動不動，蘇利文知道她內心在掙扎。過了一會，海倫在蘇利文的手上寫道：「海倫不喜歡老師，海倫喜歡媽媽，媽媽會懲罰薇妮，而老師不會。」

蘇利文讓海倫靜靜地坐在椅子上，給她一個洋娃娃，讓她抱在懷裡，然後在她手心寫道：「海倫，妳需要安靜，需要思考，妳想想事情發生的整個經過。現在什麼都不必說，等妳想好了再來找我。」

　　整個下午，兩個人都是在懊惱中度過的。中午時，海倫什麼東西也不想吃。海倫用手摸，發現蘇利文也沒有吃，於是不安地問：「為什麼不吃？」

　　「我不餓。」

　　「我請廚師給老師泡茶。」海倫寫完後，從椅子上跳下來了。

　　「不，」蘇利文阻止了她：「我傷心，我太難過了，我根本就喝不下。」

　　突然，海倫流下淚了，她傷心極了，認為是自己讓老師那樣難過的。

　　「原諒我！可憐的海倫。」蘇利文大聲自責：「我並不想這樣逼妳，可是我這樣做都是為了妳好呀！我深深地知道，妳的壞脾氣不是說改就能改的，妳需要大家的幫助。」她抱著淚流滿面的小女孩，心中充滿憐愛之情。

　　蘇利文拉過海倫的手寫道：「海倫，早上不愉快的事情已經過去了，老師不再生妳的氣了，好吧！現在我們上樓，我給你看枝節蟲，那是一種奇怪的昆蟲，它現在正在我的瓶子裡呢，妳想不想好好研究研究它？」

　　海倫含淚點了點頭。

　　兩人手拉手來到樓上，蘇利文立刻發現海倫滿懷心事，根本沒有心情去研究昆蟲。

　　海倫用手語問：「昆蟲是不是也不喜歡跟頑皮的女孩

玩？」她雙手抱住蘇利文的脖子抽抽噎噎，她向蘇利文保證：「明天我要做個好女孩，以後海倫一直做好女孩。」

「好吧！海倫，就此結束這堂課吧！」蘇利文想。

接著，蘇利文在海倫的手掌上寫道：「親愛的，做好女孩不是隨口說說而已，妳還要付出行動才行！這樣吧，我帶妳去向薇妮認錯好嗎？」

海倫面露笑容，還給自己找了一個託辭：「可是老師，薇妮不會拼寫。」

沒錯！薇妮沒有學過手語，她們不可能進行直接的溝通，不過蘇利文不會讓她輕易過關，她會找到辦法的。

蘇利文寫道：「我們一塊去找薇妮，我會告訴她，你再向她道歉。」

海倫終於點點頭同意。

於是，她們一起下樓找到薇妮。海倫把要說的話寫在蘇利文的手裡，蘇利文把她要說的話告訴了薇妮。

薇妮對海倫的道歉很感動，她請蘇利文告訴海倫，自己已經原諒小主人了。

最後，雖然海倫沒有親薇妮，但是她接受了薇妮的親吻，一切又重歸於好了。

海倫終於可以鬆一口氣了，躺在床上，很快就睡著了。

蘇利文微笑地看著熟睡的海倫，在心裡說：「海倫今天得多麼辛苦啊！是該好好休息一會了！」

愛是空中的雲彩

　　跟隨蘇利文老師學習了一段時間以後，海倫已經掌握了語言的基本框架，現在急於在現實生活中運用。

　　事實上，學習語言對於聽覺正常的孩子來說，是輕而易舉的事。他們可以輕鬆愉快地理解並模仿別人說出來的話。但是，對於一個失去聽覺的孩子，學習語言就必須經歷無數痛苦的煎熬，才能慢慢明白別人說的是什麼。雖然學習語言的過程艱辛而坎坷，但是結果卻令人十分欣慰。

　　一開始，海倫只能記住現實生活中遇到的東西的名字，而且發音也含糊不清。她一步一步艱難又踏實地向前邁進。最後，甚至能夠靈活自如地表達莎士比亞的 14 行詩，而且在欣賞那扣人心弦的詩歌時，海倫還能夠展開想像的翅膀，去勾畫那無限美妙的意境。

　　開始的時候，海倫的腦子裡留有一些模糊的概念，而且僅限於她所了解的有限的事物，因此，她掌握的詞彙也很少，在接受新鮮事物時，不能產生什麼聯想，根本就提不出什麼問題。

　　後來，海倫與外界的交流越來越多，詞彙量也增加了，提出的問題漸漸多了起來。如果海倫對一件事物不甚了解，就會翻來覆去地追根究柢，想了解得更多更細。有時，在學到一個新詞時，往事的畫面就會在腦海裡浮現出來，幫助記

憶和理解新詞涵義。

在海倫學習語言的過程中，學習「愛」這個單字給她留下的印象最深刻。事情是這樣的，那天早晨，海倫送給蘇利文老師幾朵紫羅蘭，那是她剛從花園裡摘的。

她的這個舉動令老師激動不已，也許海倫很少在蘇利文面前表達自己的情感，很少對她這樣。於是，蘇利文輕輕地摟著海倫，想吻她的額頭。那時只有海倫的母親對她這樣親密，海倫不習慣讓她母親以外的任何人吻她。這時，和藹的蘇利文老師將她的手攤開，並把「我愛海倫」幾個字拼寫出來。

「什麼是愛？」海倫問。

蘇利文老師緊緊地摟著海倫，並且指著海倫的心告訴她：「愛在這裡。」

這是海倫第一次敏銳地感覺到了自己心臟的跳動。可是對她的話和動作，海倫還是百思不得其解。也難怪，當時海倫只明白那些具體的，可以觸摸地感受的到的東西，對於那些抽象的事物根本沒有確實的認識，無論她解釋得如何到位，海倫仍對此疑惑不解。

海倫聞了聞送給蘇利文的紫羅蘭，又是拼寫又是打手勢，詢問：「愛就是花的香味嗎？」

「不是。」蘇利文老師回答。

溫暖和煦的陽光照耀著海倫，海倫又想了想，於是指著照耀著她們的太陽問：「愛是太陽嗎？」

海倫之所以把愛理解為太陽，是因為她覺得，在她所知道的事物中，太陽是世界上最美好的事物，它賜予人類溫暖和光明，滋養著美麗的花草樹木。海倫以為蘇利文會肯定她的答案，可是，她再一次微笑著搖了搖頭。

這令海倫更加失望了。到底愛是什麼呢？海倫不解，為什麼老師不告訴她愛的涵義呢？

兩天後，海倫在房間裡串珠子，那些珠子是項鏈或衣服上散落下來的，而且大小不一。海倫摸索著按兩個大的、三個小的次序把它們串起來，可是總是出錯。蘇利文在一旁幫助她，極富耐心地為她糾正錯誤。

最後，海倫還是串錯了一大段，於是，海倫靜靜地坐在那裡冥思苦想，到底怎樣才能把這些珠子串好呢？正在這個時候，蘇利文老師輕輕地碰了碰海倫的腦袋，然後將她的手攤開，在上面用力地把「想」這個單字拼寫了好幾遍。

哦，原來腦子裡運轉的過程，也可以用單字表達出來！海倫瞬間如醍醐灌頂。這是海倫第一次頓悟抽象的概念。海倫在那裡默默地坐了許久，並不是思考如何正確地排列珠子，而是在用剛剛意識到的思維方法，思考愛的涵義，尋求詮釋愛的最貼切的詞彙。那天，太陽躲到雲彩的背後，間或

有陣陣細雨，突然間太陽鑽出雲層，剎那間耀眼的光芒灑遍大地。

「愛是不是太陽？」海倫再次問老師。

蘇利文老師柔聲回答：「愛有點像太陽未出來之前漂浮在空中的雲彩。」也許蘇利文看到了海倫臉上疑惑不解的表情，於是繼續解釋說：「那些雲彩妳無法觸摸，但是妳能感覺到雨水！」

雖然蘇利文老師的話非常淺顯直白，但是海倫還是不明白愛的涵義，「妳再想一想，太陽照耀世間萬物，花草和乾裂的大地只有得到雨水的滋潤才能快樂，才能富有生機！愛會讓妳快樂成長，幸福地生活。」

瞬間，蘇利文老師的話觸動了海倫的心，讓海倫略有所悟，她感覺到自己和他人的心靈之間，似有無數根無形的線條像雨絲般穿梭聯結。

蘇利文從未用異樣的眼光看待海倫，她教海倫其他孩子學習的知識，只是採用了不同的方法，不但用嘴說，而且還要把說的話逐字逐句地在海倫手上拼寫出來，如果一時無法找到合適的字句或成語，來表達海倫的思想，蘇利文老師會提醒海倫；有時回答不上海倫提出的問題，她會向海倫表示應該回答的話；與別人出現溝通障礙時，海倫也會及時得到蘇利文的提示。

這樣的學習過程持續了許多年，可是一個沒有聽覺的孩子，要在短短的幾個月，乃至幾年時間內掌握語言，有很大的困難，即使是最簡單的日常會話和習慣用語，也不能夠做到立即靈活運用。

正常孩子學說話有很多優勢，可以不斷地重複和模仿別人說話；他們可以邊聽邊思考，同時展開豐富的聯想，使新的訊息印象更深刻，還能試著表達自己的思想和情感。但耳聾的孩子有著種種限制，根本就不能和正常人一樣暢通無阻地與人交流。

為了彌補海倫生理上的缺陷，想盡一切辦法強化海倫的表達能力，就成了蘇利文的當務之急，她不厭其煩地一字一句地重複著日常用語，教海倫在合適的場景說得體的話。但是這也不是一蹴而就的事情，經過很長時間的努力學習，海倫終於有勇氣與他人主動交談了。又經過更長的時間，海倫才逐漸在各種場合表現得體。

聾人或者盲人與正常人的最主要區別，就在於他們會忽略對話過程中的許多細節。那些既聾又盲的人在交流的過程中，遭遇的障礙就更多了！

首先，他們聽不到，自然對別人說話的語氣和腔調不得知曉，如果沒有別人的幫助，他們根本就領會不到其中微妙的涵義。由於看不到說話者的神情和臉色，所以說話者內心真實情感的流露他們也全然不知。

接連不斷的喜悅和驚奇

閱讀是學習的又一個重要方面，因此，在接受教育的第二階段，蘇利文老師開始教海倫閱讀。

海倫剛能用字母拼寫屈指可數的幾個單字後，蘇利文老師就給她一些硬紙片，上面有凸起的字母。海倫很快就知道了，每個突起的字都代表某種物體、某種行為或某種特性。

蘇利文老師給海倫一個框架，讓她用掌握的單字造短句，然後在框架上擺出來。但海倫在用這些硬紙片排列短句之前，習慣用實物把句子表現出來。

比如海倫手裡有「娃娃」、「是」、「在……上」和「床」的硬紙片，然後，她會把每個硬紙片放在有關的物體上，然後再把娃娃放在床上，在旁邊擺上寫有「是」、「在……上」和「床」的卡片，這樣既形象地表現了句子的內容，又加強了對詞彙的記憶，而且還用詞造了一個句子。

這些拼卡片遊戲是通向閱讀世界的基礎訓練，也是進入閱讀世界的最初階段。不久，海倫開始拿起「啟蒙讀本」，來尋找那些她已經認識的字。一旦找到一個認識的字，就像在玩捉迷藏時找到一個，藏在隱蔽處的一個人一樣興奮至極。透過這樣的方式海倫正式進入了閱讀世界。

開始的時候，海倫的教材和課程都不正規。即使非常認真地學，也只是像玩遊戲，而不像在上課，蘇利文老師總是

用一些美麗的故事和動人的詩篇，來詮釋她所要講的內容。如果發現海倫有興趣，就不斷與她討論，好像自己也變成了一個小女孩。

　　孩子們討厭的語法、算術以及要求思維嚴密的問題解釋等，在蘇利文的耐心指導下，孩子們不再討厭這些，且做起來興致盎然。這些事情現在回憶起來依然無比美好。

　　蘇利文處處順從海倫的想法，對她的愛好和要求都表現出特有的耐心，這讓海倫無法解釋，或許是和盲人長期接觸的緣故吧！蘇利文有一種奇妙的描述事物的才能。對於那些枯燥乏味的細節，她也不會讓海倫感到乏味和厭煩；蘇利文從來不會責備海倫是否忘了所交代的功課。

　　她可以把枯燥無味的科學知識生動逼真、循序漸進地為海倫解釋得清清楚楚，使海倫在不知不覺中將她所講的內容都牢記在心。

　　海倫和蘇利文老師經常到戶外散步，在陽光照耀的樹林裡讀書、學習。在這裡，海倫學到的東西飽含著森林的氣息——多年以後似乎依然留存著樹脂的松香味和野葡萄的芬芳。

　　海倫和老師坐在鵝掌楸濃郁的樹蔭下，覺得世界萬物都值得認真思考和學習，都能給人以啟迪。那些「嗡嗡」作響、低聲鳴叫、婉轉歌唱或開花吐香的萬物，都是海倫學習的對象。

海倫常常去捉青蛙、蟋蟀和螞蚱，然後把它們摀在手心裡，靜靜地等候著牠們的鳴叫。還有毛茸茸的小雞、綻放的野花、木棉、河邊的紫羅蘭，那柔軟的纖維和毛絨的棉籽，那微風吹過玉米田發出的「颯颯」聲，玉米葉子互相碰撞的「沙沙」聲，那被她抓住的在草地上吃草的小馬，牠那憤怒的嘶鳴以及嘴裡發出的青草氣息，都在海倫的腦海深處留下了深深的印記。

有時，日光欲出之時，蟋蟀便偷偷地從床上爬起來，溜進花園，那時晨露瀰漫，花朵草葉上會沾滿晶瑩的露珠。誰能體會到把玫瑰花輕柔地握在手心裡的無限樂趣，誰能知道百合花在徐徐的晨風中搖曳的美姿？採摘鮮花時，偶爾會抓到藏匿在花朵中間的昆蟲，海倫可以感覺到牠們受到外界壓力，舉翅欲飛，雙翅振動發出的微弱聲響。

果園是海倫的另一個天堂，那裡的果子在 7 月初便開始陸續成熟了。毛茸茸的大桃子會自己垂落到海倫的手中。一陣微風吹過樹林，熟透了的蘋果滾落在地。

海倫提起圍裙將落到腳邊的蘋果一個一個地撿起來放在裡面，把臉貼在蘋果上，體會著上面太陽的餘溫，那種感覺是如此美妙！在回家的路上，海倫常為此快樂地跳躍。

海倫最不喜歡的功課是算術，因為她對數字提不起興趣。蘇利文老師用線串上珠子來教算術數數，透過擺弄草棍來學加減法，但是，算術的興趣是短暫的，每次算不了五六

道題就厭煩了。每天做完幾道算術題，海倫就會認為自己的任務完成了，然後便心安理得地找朋友們玩耍了。

海倫還用這種遊戲的方式學習了動物學和植物學。

一次，海倫收到一位先生給海倫寄來的化石，但已經忘記他叫什麼名字了。其中有美麗花紋的貝殼化石、有鳥爪印的砂岩化石，以及蕨類植物化石。這些化石是海倫開啟遠古世界大門的鑰匙，它們促使海倫滿懷恐懼地傾聽蘇利文老師所講述的那些可怕的野獸，它們的名字古怪而且很難發音。

這些猛獸在原始森林中到處遊蕩，以大樹的枝葉當食物，最後默默無聲地死在年代久遠的沼澤地裡。很長一段時間，那些怪獸總是在夢中與海倫相見，那個地質時期是如此陰暗可怕，與美好的現今世界形成了鮮明的對比。

現在的人們該是多麼快樂啊！陽光普照大地，百花爭芳鬥豔，田野中迴盪著海倫那匹小馬悅耳的蹄聲。

海倫還收到過朋友寄來的美麗的貝殼。於是，蘇利文老師就跟海倫講小小的軟體動物是如何給自己，建造如此色彩斑斕的安身之所的；在水波不興的靜謐的夜晚，鸚鵡螺如何乘著它的「珍珠船」泛舟在蔚藍的印度洋上的。海倫津津有味地「聽」著。

海倫學了許許多多有關海洋動物的生活習性，比如小小的珊瑚蟲如何在深深的太平洋底，形成美麗的珊瑚島等，在

學習了這些知識和趣聞後，蘇利文老師送給海倫一本名為《馱著房子的鸚鵡螺》的書。

從書中馱著房子的鸚鵡螺學到了軟體動物的造殼過程。同時也讓海倫領悟到，人類智慧的發展如同軟體動物的造殼過程，聰明的鸚鵡螺利用奇妙的套膜從海水中吸收物質，然後把它們轉換成身體的一部分，成為一顆珍珠，而人們是用點點滴滴的知識經過同樣的轉換，才形成了寶貴的思想珍珠。

植物的生長也給了海倫很多啟示。蘇利文老師為海倫買了一株百合花，放在陽光燦爛的窗臺上。不久，一個個嫩綠、尖尖的花蕾伸展出來。花蕾外包著葉子，宛如纖細修長的手指，葉子緩緩地展開，好像不願讓人窺見裡面豔麗的花朵。可一旦開了頭，葉子張開的速度便加快了，但依然是井井有條，不慌不亂，一點不失原有的次序。

最為神奇的是，在眾多可愛的蓓蕾中，總會有一個最大最引人注目的，它的姿態要比其他蓓蕾雍容華貴，似乎躲在柔軟、光滑的外衣裡面的花朵，知道自己是神聖的百花之王，等到其他靦腆的姐妹們脫下她們綠色的頭巾後，怒放的花朵綴滿了整個枝頭，陣陣清香撲鼻而來，讓人倍感心曠神怡。

家裡的窗臺上擺滿了各色花盆，其中有一個球形玻璃魚缸點綴其間。不知道誰在裡面放了 11 隻蝌蚪，海倫興奮地

把手指放進水裡，感覺到蝌蚪在手指間自由自在地游動。一天，有一個大膽的傢伙竟然躍出魚缸，重重地摔在了地板上，等海倫發現時牠已經奄奄一息了。

當海倫剛一把牠放回水裡，牠就快速地潛入水底，快活地游起來。牠曾經跳出魚缸，見識過了世界，但是，現在不得不心甘情願地待在這倒掛金鐘花下的玻璃缸裡，直至變成神氣活現的青蛙為止。那時牠就會跳進花園邊那綠樹成蔭的池塘中，用牠那優雅、熱情的情歌，打破夏夜的靜謐，使之成為音樂的世界。

海倫就這樣感受著生活本身，並從中吸取知識和力量。開始她還只是一個懵懂無知的小女孩，是蘇利文老師讓海倫無憂無慮地生活在愛的喜悅和驚奇之中，讓生命中的一切都充滿了愛意。

蘇利文認識到孩子的心靈就像溪水沿著河床千迴百轉，一會映出花朵，一會映出灌木，一會映出朵朵輕雲，佳境不絕。她千方百計地引導海倫，因為她清楚地知道，孩子的心靈和小溪一樣，還需要山澗泉水來補充，才能匯合成長江大河，在那平坦如鏡的河面上也映出了連綿起伏的山峰，映出了花朵千嬌百媚的姿態、青翠濃郁的樹影和碧藍的天空。

對於老師來說，把孩子領進教室並不難，難的是如何傳授給孩子真正有用的知識。海倫的老師與她相親相愛，密不

可分，她永遠也分不清，她對所有美好事物的喜愛，有多少是自己內心自然萌生的，有多少是在老師的悉心引導下點化出來的。老師已經成為海倫生活中的一部分，她是沿著老師的足跡前進的。海倫生命中所有美好的東西都屬於蘇利文老師，她的才能、抱負和歡樂，無不是老師的善良和愛賦予她的。

享受山間秋季

　　海倫滿載著美好的回憶在那年秋天回到了南方的家鄉。每當海倫回想起這次北方之行，心中便充滿了歡樂。

　　海倫的新生活的起點似乎就始於這次旅行。清新、美麗的世界，把它所有的寶藏置於海倫的腳下，可以讓她盡情地俯拾新的知識。海倫一刻不停地用全身心去感受世間萬事萬物，她的生命充滿了活力，就像那些朝生夕死的小昆蟲，把一生的所有精力和活力都濃縮到一天釋放無餘。

　　許多人和海倫熟識後，都在她的手中拼寫出所要表達的意思，這讓海倫的思想充滿了快樂的共鳴。這難道不是奇蹟嗎？海倫的心和其他人的心之間，原來是一片野花叢生的荒原，如今似乎開闢出一條大道，培植著紅花綠草，成了一片生機勃勃的綠洲。

　　離塔斯坎比亞大約 20 英里的地方有一座山，山上景色宜人，那個秋季，她們一家人就是在那裡度過的。山上有海倫

一家的一座避暑用的小別墅，名叫「鳳尾草石礦」，因為附近有一座早已被廢棄的石灰石礦而得名，高高的岩石上有許多泉水，泉水匯合成3條小河，蜿蜒曲折，遇到岩石阻擋便迂迴旋轉，飛流直下，形成一個個小瀑布，迎接遠道而來的客人。

空曠的地方長滿了鳳尾草，把石灰石遮得很嚴密，有時甚至把小河也蓋住了。山上樹木茂盛，有高大的橡樹，也有枝葉繁茂的常青樹。它們的樹幹猶如長滿了苔蘚的石柱，樹枝上纏繞著翠綠的常春藤和柔軟的寄生草。那柿樹散發出的香氣瀰漫在樹林的每一個角落，沁人心脾，令人心魂飄蕩。

有些地方，野葡萄從這棵樹上攀附到那棵樹上，形成許多由藤條組成的棚架，彩蝶和蜜蜂在棚架間飛來飛去，忙個不停。到了傍晚，在這密林深處的草叢中，花簇裡，散發出陣陣香氣，如此清爽宜人，怎能不令人陶醉，令人心曠神怡呢！

花山頂上，她們的別墅掩映在橡樹和松樹叢中，雖然簡陋，但環境優美。房子蓋得很小，分為左右兩排，中間是一個沒有頂蓋的長長的走廊。房子的四周修建了寬敞的遊廊，每當微風拂過，空氣中便瀰漫著從綠樹上飄溢而出的氤氳香氣。

海倫她們的大部分時間是在遊廊上度過的，在那裡上

課、吃飯、玩遊戲。後門旁邊有一棵又高又大的白胡桃樹，周圍砌著石階。屋前也是綠樹成蔭，坐在遊廊上不但可以伸手觸及粗糙的樹幹，還可以感受到樹枝在清風中搖曳，樹葉隨風瑟瑟飄落。

　　許多朋友經常來這裡做客。晚上，男人們在篝火旁打牌、聊天、玩遊戲。他們誇耀自己獵野禽和捉魚的高超本領，不厭其煩地描述怎樣用口袋捉靈巧狡猾的狐狸，捉住了多少兇猛的鮭魚，捕了多少隻野鴨和火雞，怎樣用計捉住靈敏的松鼠，如何出其不意地捉住跑得飛快的鹿。他們講得繪聲繪色，神乎其神，海倫心想，豺狼虎豹在這些計謀多端的獵人面前恐怕也無容身之處了。

　　那些聽得入迷的人們最後終於撐不住都回去睡覺了，講故事的人總是這樣祝大家晚安：「明天獵場上再見！」這些人就睡在海倫她們屋外走廊臨時搭起的帳篷裡。海倫的耳畔甚至整夜充斥著獵人們的鼾聲和獵狗的叫聲。

　　黎明時分，咖啡的香氣、獵槍撞擊的震動，以及獵人來回走動的腳步聲常常把海倫從夢中喚醒，他們正準備出發。海倫還可以感覺到馬蹄的聲音。這些馬是獵人們從城裡騎來的，一整夜都被拴在樹上。

　　到了早晨，它們便發出陣陣嘶鳴，迫不及待地想掙脫韁繩，隨主人一起出發狩獵。獵人們終於一個個縱身上馬。

　　整個上午，她們都在為準備午餐而忙個不停。在地上已經崛起的深坑裡點上火，架上又粗又長的樹枝，用鐵線穿著肉串在上面燒烤。僕人蹲在火坑旁邊，揮動著又細又長的枝條驅趕蒼蠅。烤肉散發出撲鼻的香味，令人垂涎欲滴，在餐桌還未擺好之前，海倫早已飢腸轆轆了。

　　午餐還未準備妥當，獵人們就已三三兩兩地回來了。他們疲憊不堪，馬嘴裡吐著白沫，獵犬跑得呼哧呼哧直喘。雖然如此，卻沒有半點收穫，他們兩手空空，一無所有。

　　每個人在用餐時都敘述了自己的狩獵經歷，他們都自稱看見了一隻以上近在咫尺的鹿，但可惜的是，就在獵犬即將追上，試圖舉槍瞄準射擊時，卻突然不見了蹤影。

　　他們的運氣好像童話故事裡的小男孩，那男孩說，他差點捉到一隻兔子，其實他只不過看見了兔子的腳印。很快，獵人們便把不愉快的事情通通丟到了腦後，大家圍桌而坐。享用著美味的午餐──烤牛肉和烤豬肉，而不是鹿肉之類的野味，誰叫他們獵不到山鹿呢？

　　就在這年秋天，海倫餵養了一匹小馬，並為牠取名「黑美人」，這是她剛看完一本書的名字。這匹馬和書裡的那匹馬很相似，尤其是那一身黑黝黝的毛和額上的白星簡直是一模一樣。海倫經常騎著牠在山間漫步，欣賞野外迷人的風光，真是快樂極了！

馬溫馴時，蘇利文老師就把韁繩鬆開，讓牠自由漫步。馬一會停在路旁吃草，一會又在樹旁駐足，咬齧幾片葉子。

有時，海倫沒有騎馬的興致，便在早餐後和蘇利文到樹林中散步。興之所至，還故意讓她自己迷失在樹林和葡萄藤之間，那裡的逶迤小路都是牛和馬踩踏出來的。遇到灌木叢擋路，就繞道而行。歸來的時候，她們總要帶回幾束花草，都是從山上採摘的，如桂花、秋麒麟草或者鳳尾草等南方特有的花草。

雖然海倫不愛吃柿子，但偶爾，她也和米珠麗及表姐妹們興高采烈地摘柿子，因為她喜歡它們那特有的香氣。更喜歡在草叢和樹葉堆裡找它們。她們有時還去採各種的果實，海倫很喜歡幫她們剝栗子皮，幫她們砸山核桃和胡桃的硬殼，然後品嘗那碩大無比、香甜可口的胡桃仁。

在山腳下，有一條鐵路一直伸向遠方。火車常在她們面前疾駛而過，有時它發出一聲淒厲的長鳴，把她們嚇得連忙往屋裡跑。而海倫的妹妹卻不像她們那樣害怕，她常常興奮地跑來告訴海倫，有一頭牛或一匹馬在鐵路上到處行走，似乎根本沒有聽到尖銳的汽笛聲。

在離別墅 1.6 英里的地方有一個很深的峽谷，上面橫跨著一座高架橋，橋上枕木間的距離很大，走在橋上提心吊膽，就彷彿踩著刀尖。

　　海倫不敢也從未想過要從這座橋上走過去，直至有一天，蘇利文帶著海倫和妹妹在樹林中迷失了方向，走了幾個小時，仍然沒有找到回家的路。

　　突然，妹妹用小手指著前方興奮地叫道：「高架橋，高架橋！」其實，她們寧願走其他任何艱難的小路，也不願過這座橋的，無奈天色將晚，眼前這座橋是可走的唯一近路，情急之下，海倫只好踮著腳尖，去試探著那些枕木。起初還不算很害怕，走得也還算穩定，猛然間，海倫感到有「喀嚓、喀嚓」的震動隱隱約約地從遠處傳來，並且似乎越來越近。

　　這時，妹妹尖聲喊道：「火車來了！」要不是她們立即伏在交叉柱上，很可能就要被軋得粉碎。真危險啊！海倫感覺到火車噴出的熱氣直撲在臉上，而其中的煤煙和煤灰則嗆得她們幾乎喘不過氣來。

　　火車奔馳而去，高架橋震動不已，人好像要被拋進萬丈深淵。她們急忙穩住，費了好大力氣才爬起來。夜幕降臨許久以後，她們終於摸索著回到了家，可是她們看到的卻是空空的房間，全無家人的蹤跡，原來家人們都到密林裡尋找海倫她們去了。

蘇利文的心願

這一天，是海倫學會「水」字以後的第四個月。她快速地進步從不停頓，到 8 月底，海倫已學會了 625 個字。

10 月分，她就可以用盲文與柏金斯的盲孩子們互相通信了。年底，蘇利文帶她去看馬戲。對於馬戲團裡的動物，海倫問了千百個細微獨特的問題，使得蘇利文不得不夜以繼日地查閱資料來為她解答。

為了滿足海倫旺盛的好奇心，蘇利文忙得幾乎廢寢忘食了。

第二年，蘇利文原來學習的柏金斯盲人學校校長安納·諾斯寄來了一封信。信上說，這些日子以來，他隨時注意著海倫的進步。如果蘇利文能夠帶海倫去參加柏金斯學校的畢業典禮，那麼柏金斯學校將引以為榮。

想了很久，蘇利文最終作了一個決定。海倫現在能讀又能寫，她能回答人們提出的問題，能夠獨當一面，而且綽綽有餘。這也許是一個不錯的機會，海倫該結束這一段的學習，翻開新的一頁了。

快到月底的時候，蘇利文和海倫整理行裝，搭上北方的火車來到波士頓。一到波士頓，她們就直接前往柏金斯。

海倫和安納·諾斯校長禮貌地打過招呼後，便迫不及待地問蘇利文：「老師，那些與我通信的小朋友呢？她們在哪

裡？」幾個月以來她們之間互相通信，在海倫的心目中，她們早就是自己的好朋友了，她希望立刻見到她們！

「急什麼？海倫，」蘇利文笑著說，「現在我就帶你去。」她帶海倫來到一個大遊樂室。「她們在這裡等著你。」她把海倫向前一推，海倫熱切地融入了新朋友們的群體中。

第二天，安納・諾斯先生請蘇利文到辦公室私下聊一聊。「蘇利文，妳有沒有考慮過，讓海倫在這裡學習一段時間？」

蘇利文皺起了眉頭，安納・諾斯先生急忙解釋：「哦，當然妳也得留下來。蘇利文，不要擔心，妳很會教育孩子。」

蘇利文淡淡地回答：「謝謝您，我們不打算留下來。如果您邀請我們作短暫的拜訪，我們可以很高興地接受。」

「為什麼不能留下呢？」

「海倫早就盼望拜訪她的朋友了，她想她們同是又盲又啞的殘障者，該是知己的好朋友，今天早上我帶海倫去找他們，您知道嗎？她們幾乎被精力充沛的海倫嚇壞了。

海倫一接近她們，就莫名其妙地緊張、急躁起來，一直等到海倫離開以後才平靜下來，穩住情緒。其實原因很簡單，他們的生活圈子太狹窄了，她們只活在自己的小房間裡，那不是海倫所要的小池塘，我不能把海倫困在這個小房間裡，她需要更廣闊的天地，去過更自由的生活。」

「蘇利文，對於她們，妳還能期盼什麼？」

安納・諾斯先生覺得蘇利文的雄心大志太荒謬、太不現實了。「海倫的健康情形不可能恢復正常，蘇利文，妳應該面對現實，不要矇住眼睛，自我欺騙，到頭來妳將什麼也得不到，只是空歡喜一場而已，要知道海倫與正常人存在著巨大差別。」

「我知道海倫不可能成為健康的人，我也知道她眼盲、耳聾，又是啞巴。這些生理上的缺陷使得她與正常人的生活完全不同。」

蘇利文有些激動，但她仍然目光炯炯，充滿信心地繼續說：「您說她與正常人不一樣，也許您說對了，但我卻要說，她與正常人一樣，這也絕對沒錯。她身體殘障，但她同樣是人，同樣具有她本身的內在性。就如同您是安納・諾斯先生，我是蘇利文，而她是海倫。她有正常人所具有的品性、智慧和力量，請不要擔心，世上沒有跨不過的坎，只要努力去做成功就在不遠處！」

在參觀克邦山時，蘇利文教海倫上了第一堂歷史課。當海倫知道這座山就是當年英雄們激戰的地方時，真是激動萬分。她攀登著這歷史的遺蹟，心中數著這一級級臺階，眼前不禁浮現出英雄們奮勇攀登的情景，以及他們居高臨下與敵人決戰時的場面。

在普利茅斯，當年移民們登陸時踩過的那塊大岩石，引起海倫極大的興趣。海倫用手摸著這塊岩石，彷彿當年移民們艱苦跋涉的情景栩栩如生地展現在海倫眼前。

海倫在參觀移民博物館時遇到了一位和藹可親的先生，他將一塊普利茅斯岩石的模型贈送給海倫。海倫時常把它握在手上，撫摸它那凹凸不平的表面、中間的一條裂縫以及刻在上面的「1620 年」，從而更加深刻地理解了，早期英國移民那可歌可泣的偉大事蹟。

在海倫幼年的心靈裡，他們的輝煌事蹟是多麼崇高而偉大啊！在海倫心目中，他們是在異鄉創建家園的最勇敢、最無畏的人。

他們不但為自己爭取自由，也為同胞爭取了一片生存的空間，可是世間的事情總是不盡完美，在若干年後，海倫了解到他們曾經採取過殘暴的宗教迫害行為後，又大失所望，並且為他們的暴行深感羞愧。

在柏金斯盲人學校放暑假之前，蘇利文老師帶海倫去科德角的布魯斯特海濱度假，聽到這個消息後。海倫興奮至極，因為海倫的腦海裡已經裝滿了許多有關大海扣人心弦的奇聞逸事，早就盼望著親近大海的那一天了。

海邊的氣息純淨又清新，海倫可以更加清醒、更加冷靜地思考問題。海灘、貝殼、海草、卵石以及各種小生物，都對海倫有極大的吸引力，使海倫流連忘返。

學會了發音說話

那次歡樂的波士頓之旅後的每一個冬天，海倫幾乎都是在北方度過的。

海倫驚訝地發現，大自然竟用神祕的雙手剝去了樹木和叢林的外衣，只留幾片寥若晨星的枯葉點綴其間。小鳥彷彿也被驅走了，樹枝光禿禿的，上面有幾個堆滿積雪的空巢形影相弔。孑然高聳的山嶺和廣大無垠的原野，到處都呈現出一派蕭瑟的景象。

一天，天空陰鬱，寒冷異常，預示著一場暴風雪即將來臨。沒多久，雪花開始飄落，海倫跑到室外，用手迎接那最早飄落下來的雪花。悄無聲息的雪片紛紛揚揚地從天空飄落到地面，無聲無息地一直持續了幾個小時。

原野越來越平整，白茫茫的一片。清早起來，村莊和田野幾乎全然改變了。道路被白雪覆蓋，看不到任何可以辨認道路的標誌。在無邊無際的雪海中，唯有光禿禿的樹木堅定地矗立著。

到了傍晚，東北風乍起，將厚厚的積雪迅速捲起，高高地拋向空中，霎時間，雪花在天地間四處飛揚。大家圍坐在熊熊的爐火旁，一會講故事、一會玩遊戲，全然忘卻自己正處於與外界隔絕的孤獨之中。

夜裡，風越刮越猛，雪越下越大，大家既興奮又驚恐。

屋頂在風中吱吱嘎嘎響作一團,屋外的大樹如同發怒的人在瘋狂地搖擺著身體,彎垂的樹枝不停地敲打著窗戶,發出毛骨悚然的聲音。風肆虐著,狂怒不已,似兇猛的野獸東闖西撞。

　　3天後,風止了,雪停了,太陽從雲層中露出了臉,金色的陽光照耀在一望無際猶如波浪起伏的白色平原上,高高的雪丘和錐形的小雪山形態各異,而且隨處可見。

　　為了方便出行,大家親手在雪地裡掃出一條狹窄的小路,然後戴上頭巾,披上斗篷走入這白茫茫的冰雪世界。空氣刺骨地寒冷,臉頰像是被風咬齧著一樣,刺痛極了。

　　蘇利文老師和海倫一腳高一腳低地走過小路和積雪,最後來到一片松林旁,舉目遠望,遠處平坦而開闊,是一片寬闊的草場。松樹佇立在雪地中,宛如大理石雕塑而成,如今已聞不到松葉的芬芳了。

　　陽光籠罩在樹枝上,上面的皚皚白雪猶如鑽石般熠熠生輝,明亮耀眼。輕輕觸碰,積雪就如同微弱細密的雨點零星而下,灑落海倫一身。陽光反射在雪地上,海倫感覺眼前一片明亮,似乎穿透了蒙在海倫眼睛上的那層黑暗。

　　在陽光的照射下,積雪慢慢地融化了,待它還未完全消融之前,又一場大風雪降臨了。整個冬天,土地上都覆蓋著一層厚厚的積雪。

偶爾，樹木上凍結的冰凌也會融化。可是很快又披上相同的銀衫；湖面即使沐浴在陽光下，也總是覆蓋著一層堅硬冰冷的素衣，躺在陽光下的地面也會露出枯黃的矮樹叢和紙莎草。

那年冬天，滑雪橇是大家百玩不厭的遊戲。湖岸上有些地方陡峭異常，大家就從高高的坡上往下滑。在雪橇上穩坐不動，就有一個孩子在後面用力一推，雪橇便順勢滑下去，越過窪地，穿過積雪，徑直衝向下面的湖泊，瞬間便從閃閃發光的湖面溜到湖的對岸了。

真是好玩極了！多麼有趣刺激的遊戲！在那風馳電掣的一瞬間，大家似乎擺脫了一切束縛，御風疾馳般衝向了宇宙空間，去尋找更美麗的仙境了。

海倫學習用聲音與人交流始於西元 1890 年春天，事實上，海倫很早就有發出聲音的強烈慾望。海倫常常把一隻手放在喉嚨上，一隻手放在嘴唇上，發出一些聲音來。對於那些能夠發出聲音的東西，海倫都有濃厚的興趣。

「聽」到貓叫狗吠，海倫都愛去用手摸牠們的嘴。海倫會在別人彈鋼琴時，用手去觸摸鍵盤；在別人唱歌時，用手去摸他們的喉嚨。

海倫在擁有正常的聽覺和視覺時，有很強的語言能力，可自從得了那場病，耳朵聽不見後，海倫就說不出話了。她

常常急得像小鳥用力撲翅那樣，努力鼓動嘴唇，希望自己能夠像正常人那樣用嘴說話，但是家人總是想方設法阻止海倫，怕海倫學不好會灰心喪氣。但她毫不氣餒，反而更加信心百倍，下定決心學會說話。

拉姆森夫人是一位老師，她在西元 1890 年剛從挪威和瑞典訪問歸來，便來看望海倫。她告訴海倫，挪威有個又盲又聾的女孩娜布·卡達已經學會說話了。她還沒有跟海倫講完，海倫已心急如焚，暗自下定決心要學會說話。

海倫鬧著要蘇利文帶海倫去波士頓，找霍勒斯曼學校的校長薩拉·富勒小姐，請求她幫助海倫，教導海倫。

然而，令海倫意想不到的是，這位和藹可親、秀麗溫和的小姐願意親自教海倫。於是，從西元 1890 年 3 月 26 日開始，海倫就開始跟她學習說話了。對於她的每一個動作，海倫都專心致志地去模仿，還不到一個小時，海倫就學會 6 個字母了。

富勒小姐教海倫上的這 11 節課讓海倫今生今世都難以忘懷。當海倫第一次連貫地說出「天氣很溫暖」這個句子時，海倫是何等的驚喜啊！

海倫突然意識到，有一種新的力量升騰起來，將她從靈魂的桎梏中解脫出來。海倫就像插上了語言的翅膀，翱翔在知識的天空，並獲得了信仰。

　　海倫終於可以用語言與人交流了，再也不需要別人幫海倫翻譯了，這種交流的方便是無法用文字來表達的。現在，海倫可以一邊思考，一邊說話，而這是從前用手語無法做到的。

　　練習、練習、再練習，這就是海倫給自己規定的任務。她常常欣喜若狂地反覆唸著：「海倫已經不再是啞巴了。」

　　當海倫能夠與人進行交流時，那種想回家的感覺就越來越強烈。

　　這一重要的時刻終於來臨了，海倫踏上了歸途。不知不覺火車已經進站了，只見家人都站在站臺上迎接海倫她們。走下火車，母親一下把海倫摟在懷裡，全身顫抖著，興奮地傾聽著海倫從口中發出的每一個字。

　　小妹妹米珠麗抓住海倫的手，又親又吻，高興得蹦蹦跳跳。慈祥的父親站在一旁默默無語地看著眼前發生的一切，臉上露出欣慰愉悅的神色。

啟蒙教育

建立信心

人生最大的災難，不在於過去的創傷，而在於放棄未來。

—— 海倫·凱勒

承受誤解重塑信心

西元 1892 年冬天，海倫創作了第一部短篇小說《霜王》，並將初稿寄給了柏金斯盲人學校的校長安納‧諾斯先生，沒想到卻招來了糾纏不清的麻煩。

那是海倫學會說話後寫的第一個故事。那年夏天，海倫和蘇利文在山間別墅住的時間比往年都長，蘇利文常常跟海倫描述，深秋時節的樹葉如何優美。

也許由於蘇利文生動形象的描述，這個故事無形中留在了海倫的記憶裡。當時心中累積了這麼一個素材，海倫就熱切地想把它寫下來，免得以後忘記了。

故事寫完後，海倫就唸給蘇利文聽。晚餐時，海倫又將自己的處女作在家人面前高聲朗讀了一遍。他們難以置信海倫能寫出這麼美妙的文字，甚至有人詢問這些素材是不是哪本書上的。

這個問題使海倫也吃了一驚，因為自己從未想過這篇文章會是別人讀給她聽的。於是，海倫理直氣壯地大聲回答：「不是，是我自己創作的，是我送給安納‧諾斯先生的禮物。」

接著，海倫又將文章工工整整地抄寫了一遍，並且依照他們的建議，將原來的標題改為《霜王》，準備寄給安納‧諾斯先生，作為祝賀他生日的禮物。海倫興高采烈地跑到郵局，親自將稿件寄了出去。

　　然而世事難以預料，就是這份凝聚著海倫滿腔熱忱的生日禮物，卻給自己帶來了無窮無盡的麻煩和困擾，並讓海倫為此付出了慘痛的代價。

　　安納‧諾斯先生非常欣賞這篇小說，並且將它刊登在柏金斯盲人學校的校刊上。這個消息把本來就揚揚得意的海倫拋到了快樂的巔峰，但事隔不久，海倫就重重地跌入了痛苦與絕望的泥潭。

　　有人指出，海倫的《霜王》與瑪格麗特‧康貝爾女士的一篇《霜仙》相差無幾，那篇文章在海倫出生以前就問世了。

　　很巧的是，海倫的小說和《霜仙》在思想內容和詞句上如出一轍，因而有人推斷，海倫讀過康貝爾的文章，並且認為海倫剽竊了她的作品。

　　開始，海倫對這個問題不以為然，但是當海倫了解了事情的全部經過後，她極其驚訝和難過。

　　海倫蒙受了許多孩子都不曾遭受的痛苦和羞辱。海倫感到委屈，更感到羞愧，因為受人猜忌的不光是海倫，還有那些海倫所愛戴的人。

　　海倫不明就裡，冥思苦想，回顧在寫《霜王》之前到底讀過什麼書，相關的文章或書籍到底有沒有讀過。但海倫絞盡腦汁地想，還是不記得，只隱隱約約想起有誰提過傑克‧費羅斯特這個人，有一首寫給孩子的名叫《霜的異想天開》

的詩作，可是她並沒有引用這篇文章的內容啊！這到底是怎麼一回事呀！

最初，這件事讓深受此事困擾的安納‧諾斯先生感覺很棘手，但還是對海倫寬厚有加，依然相信海倫。他的一片好心漸漸驅散了海倫的心頭烏雲。

不久，慶祝華盛頓誕辰的盛會在學校舉行。為了使安納‧諾斯先生高興，海倫強顏歡笑，把自己打扮得漂漂亮亮的，表現出一副愉快開朗的樣子。在同學們演出的一場假面劇中，海倫還饒有興致地飾演了穀物女神。那天海倫穿得非常雅緻，頭上戴著一個色彩斑斕的秋葉花環，水果和穀物綴滿了手臂和雙腳。但是，海倫內心深處的憂傷和痛苦，卻藏匿在了這些五顏六色、熱鬧喧譁的外表之下。

但是，事情的發展並沒有因為時間流逝而有所改變，它還在繼續惡化。慶祝活動的前夕，學校的一位老師又詢問海倫的那篇小說。

海倫告訴他，蘇利文老師曾談到過傑克‧費羅斯特和他的一些著名作品。但是，不知是怎麼回事，她竟然認為海倫知道康貝爾女士的《霜仙》。雖然海倫一再申辯強調她弄錯了自己的意思，但這位老師還是固執己見，並自以為是的，把她的錯誤結論告訴了安納‧諾斯先生。

雖然安納‧諾斯先生一向對海倫信任有加，但那位女教

師的錯誤結論卻使他改變了以往對海倫的看法，認為海倫辜負了他的信任。任憑海倫怎麼解釋，他一概充耳不聞，再也不相信海倫了。他認為，至少他感覺，是海倫有意剽竊他人作品，以此贏得自己對她的讚賞。

緊接著，學校老師和職工組建了臨時「法庭」，並把海倫帶到那裡去「坦白」問題，還不允許蘇利文老師陪同。在「法庭」上，他們反覆盤問，使海倫感到，是在迫使自己承認，有人給海倫讀過康貝爾的小說《霜仙》。

他們的每一句問話，都表現出極度的懷疑，而且安納·諾斯先生還讓海倫感覺到了責備的意味。

這樣的情形，讓海倫百感交集，所有的語言都不足以表達此時此刻的心情。她可以感受到自己沒有規律的心跳，回答他們的問題時甚至有些語無倫次，大腦還時常出現短暫的空白。雖然海倫知道這純粹是一場可怕的誤會，可是內心的痛苦卻沒有絲毫減輕。

最後「審問」結束，可以離開時，海倫只覺得頭暈目眩。蘇利文老師和朋友們都走過來安慰和鼓勵海倫，並且對海倫說：「妳是個勇敢的小女孩，妳是我們的自豪和驕傲！」可海倫傷心得根本就沒有心思去留意這些。

那天晚上，海倫將內心的痛苦和悲傷毫無保留地發洩出來，床單和衣物都浸滿了海倫傷心的淚水。她渾身冰冷，如

同殭屍，心想也許明天早上海倫就要離開這個世界了。這樣想著，心情似乎平靜了許多。

事實上，關於康貝爾小姐的《霜仙》，蘇利文老師從未拜讀過，也沒有見過康貝爾小姐的那本書，但她確信自己給海倫唸過《小鳥和牠的朋友》這本書中其他一些小說。

那時候，海倫對《小鳥和牠的朋友》中的那些生僻的單字萌生了極大的興趣，因為海倫沒有其他任何的愛好。

雖然那些故事的內容海倫沒有記憶，但海倫不得不承認，當時自己曾試圖盡力記住那些生詞，好等待蘇利文老師度假回來後，給自己逐一講解。

等到蘇利文度假回來後，關於《霜仙》這篇小說的事海倫已經忘卻了，因此，也就再沒有提起。可能是因為她回來後就開始陪海倫閱讀別的小說了吧！這個故事擠滿了海倫的腦袋，因而就將別的故事置之腦後了。

那段日子是悲苦而憂愁的，但是卻有許多表示同情和問候的信件像雪片一樣飛來。那些最要好的朋友一直相信海倫。就連康貝爾小姐也親筆寫信鼓勵海倫：「將來有朝一日妳也會寫出自己的巨著，鼓舞和幫助妳的眾多讀者。」但是，這個美好的祝福卻一直未能成真。

自從出現《霜王》風波以後，海倫再也不敢隨便舞文弄墨了。的確，從此以後，海倫總是誠惶誠恐，擔心流出筆

端，躍然紙上的不是自己的思想，在很長一段時間裡，甚至在給媽媽寫信時，那種突如其來的恐懼都會猛然襲遍全身。

所以，海倫會把每個句子反反覆覆地唸上幾遍，直至確信那些句子不是在書中讀過的。如果不是蘇利文老師始終如一地鼓勵和肯定，也許海倫不會再有書寫的慾望了。

後來，海倫終於找到並閱讀了康貝爾小姐的《霜仙》，仔細看了一遍，果然發現其中有很多雷同之處，海倫的文字風格和所表達的思想感情，都與康貝爾小姐的作品有相似之處。

在海倫早期的信件和初期的作品中，她常常把自己喜歡的句子為己所用，當作自己的想法再另寫一遍。海倫在讀書時，一直特別留意摘抄詩集和史文中的片段以愉悅自己。

在一篇描寫希臘和義大利古城的文章裡，海倫曾挪用了一些別人書上生動形象、變化多端的描述，用明確清晰、生動活潑的文字，把自己欣賞的富有詩意的意境表達出來。

從認知角度上講，早期作品只不過是智力訓練。海倫在早期創作時也像所有的年輕人一樣，必須不斷地取其精華，模仿別人表達自己所思所想。只要能激發濃厚興趣的東西，海倫都會有意或無意識地刻印在大腦的書頁上，化為自己的思想。

史蒂文森說：「一個初涉文壇的人，一般都有模仿自己羨慕崇拜的作品的本能，然後才不斷地變化和轉化。即使是偉

大的作家，也要經過多年的實踐，才能在擁塞的思想道路上自由漫步，駕馭浩浩蕩蕩的文字大軍。」

坦白說，海倫常常迷惑哪些思想是海倫自己的，哪些是書上的，因為書上的內容已滲透到海倫的思想，成為海倫的思想中不可分割的一部分。

因此，在海倫所有的作品中，總有海倫那些粗陋不堪、尚未成熟的觀點，但其中也夾雜著從書中吸取，並銘刻在心的思想和較為成熟的看法。

在海倫的心目中，寫作的最大困難是如何把那些處於感情邊緣、雜亂無章的思想，用學過的語言梳理並表達出來。寫作就像擺七巧板一樣，在腦袋裡先形成一個圖樣，然後就看如何用語言描述了。

但是，有時想出來的詞語不一定貼切妥當，即使合適，也可能和構思大相逕庭。即便這樣，海倫還是毫不氣餒，再三思考，因為她認為，既然有人成功了，自己也一定可以，怎麼能輕易認輸呢？她仍然一如既往地企盼，有朝一日她能拙筆生花，遊刃有餘地表達自己的切身體會和思想感情。

這種強烈的願望和堅定的信念支撐著海倫，讓她將《霜王》風波帶給自己的震驚、恐慌和痛苦化為創作的力量，並一直堅持下去。為了不導致誤解，海倫盡可能詳盡地寫出所有事情的始末，既不想替自己辯解，也不想埋怨任何人。

　　事件發生後的那年夏天和冬天，海倫和家人在阿拉巴馬州團聚。那裡百花盛開，深紅和金黃的秋葉改變了大地的顏色，一串串碩大的葡萄垂掛在花園盡頭的葡萄架上，金色的陽光暖暖地照射在上面，漸漸變成了深紫色。

　　海倫無憂無慮，那場風波帶來的所有憂愁和煩惱都已銷聲匿跡了。正是在這個時候，她開始創作海倫的回憶錄，那是在海倫寫《霜王》那篇小說的一年以後。

　　當時，海倫對自己寫出來的東西仍然心存疑慮，而且總是擔驚受怕。唯恐那些不完全是自己的。只有蘇利文老師了解海倫心中深深的恐懼和不安。不知為什麼，海倫對《霜王》如此敏感，甚至不想再提。

　　有時，在海倫和蘇利文老師談話中，一種深刻而新穎的見解突現時，海倫會輕聲地告訴她：「海倫不敢肯定這是否是海倫自己頭腦中的東西。」有時，海倫寫著寫著，就莫名其妙地擔心起來，還常常自言自語說：「如果這部作品與很久以前的作品再次雷同，那該怎麼辦呢？」一萌生這個想法，海倫的手就顫抖不已，這一天就什麼也寫不出來了。那些可怕的經歷在她的心靈上留下了一道難以癒合的傷疤！

　　為了讓海倫重現昔日的自信，蘇利文想方設法安慰、幫助海倫，她說服海倫寫一篇關於自己生活經歷的短文，投寄給《青年之友》。當時，只有 12 歲的海倫寫起這類文章來是很困難的。

創作之初，海倫小心謹慎，但還是堅持下來了。蘇利文老師在一旁鼓勵並引導海倫。她明白，只要海倫義無反顧地寫下去，就能重建信心，施展才能。

《霜王》事件對海倫早期的生活和教育，形成巨大而深遠的衝擊，她的腦海中總是縈繞著負面的思想，一段時間之後，海倫才逐漸走出了那場傷心風波帶來的陰影。經歷了這次磨練，海倫的頭腦更加清醒，對生活的認識和理解也更加深刻了。

外面的世界很精彩

西元 1893 年，海倫前往華盛頓旅行，然後又去尼加拉瀑布城，其間還參觀了世界博覽會。

海倫和蘇利文老師來到尼加拉時是 3 月分。站立在瀑布邊的高崖上，只覺得空氣顫動，大地顫抖，此情此景，任何言語都無法表達海倫的心情。

像海倫這樣又聾又啞的盲人，如何欣賞尼加拉瀑布的壯觀景象呢？這是許多人為之疑惑的問題。

他們都是這樣問海倫：「妳既看不見波濤洶湧，又聽不見它們的怒吼呼嘯，它們對妳有什麼意義呢？」事實上，它們對海倫意義重大。

海倫小時候的許許多多的幻想，都變成了美妙的現實，

在海倫幼小的心靈上留下了極為美好的回憶。海倫每天都在想像著周遊世界。

如今，海倫可以用手觸摸世界各地被創造出來的奇蹟，去觸摸那些凝結著汗水與智慧的結晶。

這年夏天，海倫和蘇利文一同參觀了世界博覽會。在世博會的萬園館，每走一步，海倫都會感覺到新鮮奇特的事物，就像《天方夜譚》裡的世界。

在世界博覽會上，有陳列著歡樂神和象神的奇特市場，再現了書本中的印度。有開羅城的模型，有列隊而行的駱駝，有金字塔，還有威尼斯的環礁湖。每天晚上，海倫在城市和噴泉燈光的照耀下泛舟湖中。

海倫還坐過一艘北歐海盜船。以前在波士頓時，海倫曾登上一艘兵艦，不過，海倫對這艘海盜船更感興趣，因為這艘船上只有一個水手。水手總管一切，不論是風平浪靜還是狂風暴雨，他都勇往直前，百折不撓。他一面高喊「我們是海上英雄」，一面表現出無比的自信和高昂的鬥志與大海抗爭。

與此形成鮮明對比的是，現在的水手則完全成了機器的附庸。「人只對人感興趣」，這也許是人之常情吧！

海倫還仔細參觀了離這艘船一步之遙的「聖瑪利亞號」船的模型。船長領海倫參觀了當年哥倫布住的船艙，艙裡的桌子上放著一個沙漏。

這個小小的儀器在海倫的腦海裡留下了難以抹滅的印象。海倫不禁浮想聯翩：當船長絕望的夥伴們企圖反叛的時候，這位英勇無畏的航海家看著一粒粒沙子往下漏，是否也曾深感不安和焦慮呢？

因為海倫的情況特殊，所以世界博覽會主席希爾博特姆先生，特許海倫撫摸那些珍貴的展品。

海倫就像當年皮薩羅掠奪祕魯的財寶那樣，迫不及待又貪得無厭地用手指去觸摸。每件展品都讓海倫著迷，尤其是那些法國銅像，一個個栩栩如生，似被藝術家捉住的並還以人形的天使。

海倫還了解了許多開採鑽石的過程，這是在參觀好望角展廳時的收穫。

一有機會，海倫便用手去摸正在開動著的機器，以便清楚地了解人們是怎樣稱金剛石的重量，怎樣切削和磨平寶石的。在淘洗槽中，海倫摸到了一塊鑽石，人們連聲稱讚，因為這是美國參展的唯一一塊真鑽石。

隨同她們一起來的貝爾博士一直陪海倫參觀，並興致勃勃地描述那些有趣的事物。在電器展覽廳裡，海倫參觀了電話機、留聲機及其他發明。

透過貝爾博士的講述，海倫了解了金屬線為什麼能夠不受時間和空間的限制將訊息傳遞到遠方，為什麼它能像普羅米修斯那樣，為人類從天上取火。

在人類起源學展廳，那些古代墨西哥的遺蹟和粗糙的石器，引起了海倫的興趣。石器往往是遠古時代的唯一見證，是為那些還沒有創造出文字的，大自然的子孫豎立的豐碑，它們將永世長存。

引起海倫濃厚興趣的還有埃及的木乃伊，不過海倫對它敬而遠之，不敢用手去觸摸。從古代遺物上，海倫了解到了有關人類發展的種種知識，其中許許多多都是海倫聞所未聞的。

在世博會參觀的 3 個星期裡，海倫的知識有了長足的進步，求知慾也有了更大的飛躍，海倫開始從熱愛童話故事和玩具，一下子轉移到熱愛現實世界中的真實而平凡的事物上來。

學習帶來的樂趣

參觀世界博覽會後，直至西元 1893 年 10 月，海倫才從疲勞和興奮中走出來，才開始在固定的時間學習固定的課程。她已經讀了希臘、羅馬和美國的歷史，而且還漫無目的地自學了許多課程。

海倫有一本凸印的法語文法書，她懂一點點法語，常常用新詞在頭腦裡做練習，自娛自樂，從不在意語法規則和其他的細節。

那本文法書對這些詞注了音，沒有任何人幫助，她還嘗試著發音。當然，這對她來說有些勉為其難。

海倫還在提高語言能力上花了不少時間和精力。海倫摸著書對著蘇利文高聲朗讀，背誦自己最喜歡的詩句。蘇利文不斷糾正海倫的發音，教海倫在哪裡斷句，怎樣換調。

海倫和蘇利文還專程拜訪了，在德克薩斯州休士頓的韋德先生一家。他們的鄰居艾倫先生在拉丁語方面有很高的造詣。海倫就在他的指導下學習拉丁文。

在海倫的記憶中，這位閱歷豐富、脾氣溫和的好心人主要教海倫拉丁語的語法，偶爾也教教算術。海倫覺得算術困難又乏味。

艾倫先生還和海倫一起閱讀坦尼森的《懷念》，並且讓海倫第一次懂得了怎樣深入一位作者，識別其文風。雖然海倫讀過很多書，但這是第一次以評論的眼光去閱讀。

最初，海倫並不願意學習拉丁語文法，因為單個詞語的意思都很清楚，為什麼還要浪費時間作語法分析呢？什麼名詞、所有格、單複數、陰陽性等，真讓人心煩。不過，隨著學習的深入，她對拉丁文的興趣越來越濃，而且被拉丁文的優美所陶醉了。她常常唸拉丁文的文章消耗時光，根據自己認識的單字理解文章。

在海倫的印象裡，沒有什麼比用剛剛學會的文字，來表達瞬間閃現的形象、感情和層出不窮的思想更美妙了。

　　她在上課時，蘇利文總是坐在旁邊。漸漸的，她已經可以用學過的拉丁文熟練地閱讀凱撒的《高盧戰記》了。

　　西元 1894 年夏天，「美國聾人語言教學促進會」的第一次會議在夏達奎市召開了，海倫應邀參加了這次會議。

　　在那裡，海倫被安排進入紐約市的萊特·赫馬森聾啞學校上學。10 月，海倫在蘇利文的陪同下前往就讀。

　　在萊特·赫馬森聾啞學校，老師們常常想盡各種辦法，讓聾啞兒童享受到普通孩子們所享有的各種學習機會，即使是很小的學生，也力爭讓他們克服先天缺陷帶來的束縛，充分發揮他們記憶的才能。

　　海倫特別選擇在這所學校的原因，是為了提高語音和唇讀能力。除了這些內容以外，在學校的兩年中，海倫還涉獵了法語、德語、數學、地理和自然等學科。

　　瑞米小姐是海倫的德語老師，她懂得手語，於是，海倫稍稍學會了一點德文後，便時常找機會用德語交談，幾個月之後，她所說的話海倫幾乎都能明白。

　　第一年結束時，海倫已經可以愉快地閱讀《威廉·泰爾》這部小說了。的確，比起其他方面，海倫在德語上的進步是最大的。

　　與學習德語相比，學習法語要難得多。教海倫法語的是奧利維埃夫人，這位法國婦女不懂手語字母，只能口頭教導海倫。而海倫要弄清嘴唇的動作，就得費些時間，因此，法

語的進步要比德語慢得多。

雖然有時因此灰心喪氣，但海倫對於其他功課，尤其是自然地理卻有無窮的興致。

揭開自然界的奧祕是一大樂事，透過那些形象而生動的文字描述，海倫知道了：風是怎樣從四面八方吹來的，水蒸氣是怎樣從大地的盡頭升起的，河流是如何穿過岩石奔流的，山岳是如何形成的，以及人類是如何與大自然抗爭最終又戰勝它的。

海倫曾經對朋友們說自己一定要進大學，「而且要進哈佛大學。」朋友們都驚訝不已。因為哈佛大學的入學考試十分嚴格，他們問海倫為何不願在威爾斯利女子學院學習，海倫的回答是，因為那裡只有女學生。這招來了許多真誠又明智的朋友的反對，但是，海倫還是投入了和正常女孩子的競爭，決心拿到學位。

海倫決定，進入劍橋中學學習，這是通往哈佛、實現自己童年夢想的一條捷徑。

在語言能力和唇讀方面的進步，並沒有像海倫和老師以前想像得那麼大。但是，在入學前，海倫就堅信自己能夠像其他人那樣說話，而且老師也相信海倫能夠達到這一目標。

但是，儘管海倫十分努力，且充滿信心，勤學苦練，可與預期的目標，依然有一大段距離。也許目標定得太高了，所以失望也是不可避免的。

在紐約度過的這兩年的快樂時光，給海倫留下了許多美好的回憶。海倫還特別記得，她和蘇利文老師每天都去中央公園散步。在紐約城裡這座公園是海倫唯一喜歡的地方，在這座宏偉的公園裡，海倫擁有很多的歡樂。

在海倫離開紐約之前，那段日子無憂無慮。突然的烏雲籠罩了光明的天空。

西元 1896 年 2 月，生活在波士頓的約翰・斯布爾先生不幸逝世了。只有那些最了解和敬愛他的人，才會了解他對海倫的友誼是何等重要。他樂於助人，不圖回報，也不會讓他人感到過意不去，對蘇利文和海倫尤其如此。

海倫一想到他對自己的慈愛，以及在她學習遭遇重重困難時他所給予的關懷，海倫就信心百倍。他的逝世給海倫的生活帶來了永遠無法填補的傷口。

終於突破入學考試難關

西元 1896 年 10 月，16 歲的海倫進入劍橋女子中學就讀，為將要進入哈佛大學的拉德克利夫學院做好充分準備。在這裡上學，海倫必須由蘇利文老師作為陪讀，蘇利文要把老師講授的所有內容用手語翻譯給海倫。

對於聾啞孩子的教育，老師們並沒有累積實際的教學經驗，海倫要想聽懂老師們的在說什麼，唯一的辦法就是用手指觸摸老師們的嘴唇。

在劍橋女子中學的教學科目中，一年級的課程有英國史、英國文學、德文、拉丁文、數學、拉丁文作文等，以及一些其他科目。

海倫以前從來沒有為進入大學學習，而特意學習某門課程，但是，天資聰穎的海倫，英語在蘇利文老師的精心輔導下進步很大。以致她入學不久，老師們就下了結論，除了大學臨時指定的幾本教材以外，海倫完全可以不用專門上英語課了。

在去劍橋中學就讀之前，海倫曾學習過 6 個月的拉丁文。她也有一些法文基礎，而她花費時間最多的還是學習德文。

海倫雖然在這些課程的學習上具備一定的優勢，但是，如果想更深入地學習，對她來說仍然存在一些障礙。因為蘇利文不可能把所有，海倫要讀的書都拼寫在海倫的手上。

雖然倫敦和費城的朋友也都在竭盡全力地，幫海倫把課本改為凸字版，但那也不是一件輕而易舉的事情，很難及時趕上海倫閱讀的速度。這樣，海倫只能暫時用盲文先把拉丁文抄下來，再與同學們一起朗讀。

不久，海倫斷斷續續的語言表達已經能夠被老師們接受了，老師們也漸漸能夠聽懂海倫的說話了，也能解答海倫提出的問題了。熱心的老師在教授的同時，也能及時地糾正海

倫隨時出現的錯誤。在課堂上，海倫無法寫筆記、做練習，海倫就在課後用打字機寫作文和做翻譯。

每天上課蘇利文都陪著海倫，把老師們講的內容不厭其煩地寫在海倫手中。自修時間，她幫海倫從字典上查出陌生的單字。有許多注解和必讀書目沒有凸印本，她就翻來覆去地讀給海倫「聽」。這些事情都有著令人難以想像的單調和乏味。

德語老師葛洛和校長吉爾曼是學校裡唯一學過手語，並用手語為海倫講課的兩位老師。雖然大家都很熱心地幫助海倫，但是，卻只有蘇利文老師能在這種枯燥的工作中找到真正的快樂。

海倫一共在這裡學習了一年時間，她一字不落地閱讀了凱撒的《高盧戰記》的前三章。海倫德語的學習，也是得益於蘇利文老師的幫助。在蘇利文的熱心幫助下，海倫閱讀了席勒的《鐘之歌》和《潛水者》、里爾的《美好的詛咒》、海涅的《哈爾茨山遊記》、弗雷格的《腓特烈大帝統治時代散記》、萊辛的《明娜·馮·巴恩赫姆》以及歌德等作品。

在閱讀中，海倫獲得了極大的精神享受，從中也獲得前所未有的快樂，尤其是席勒那美妙絕倫的抒情詩、腓特烈大帝的豐功偉績以及歌德的生活記述，都在海倫深刻的記憶中，令她久久不能忘懷。

《哈爾茨山遊記》更是讓她回味無窮，其中人見人愛的詼諧、幽默的筆觸隨處可見。

這部作品中，作者用生動形象的語言描寫了蔓藤遍布的山林，以及山林裡陽光下汨汨流淌的小溪；有著濃厚傳奇色彩的蠻荒地區，還有童話中的可愛的小女孩。

這些生動又引人入勝的美妙篇章，只有那些將自己的感情與嗜好完全融合在大自然中的人，才能夠寫得出來。

在這一年的時間裡，海倫有一段時間跟隨吉爾曼先生學習英國文學。他曾和海倫一起閱讀《皆大歡喜》、伯克的《與美國和解》、《塞繆爾‧約翰遜傳》等。

在歷史和文學方面，吉爾曼先生的知識極為淵博，而且講解也生動活潑、出神入化，這讓海倫學習起來興趣十足。吉爾曼先生的教學效果遠遠超越了機械的背誦和寫筆記。

在所有海倫讀過的政治著作中，伯克先生的演說是最令海倫深思的。海倫的心便隨著閱讀的深入，也在書中那個動盪的歲月中激動不已，兩個敵對國家的許多重要人物似乎就站在海倫的面前。

伯克的雄辯，宛如滔滔巨浪般連綿不絕，其卓越風采不得不為世人所折服。他曾預言，如果繼續堅持敵對，最終得益的便是美國，而英國只能收穫到無盡的恥辱和失敗。

令海倫一直困惑不解的是，英國的喬治王和大臣們卻對

伯克的預言充耳不聞。因此，伯克在黨內完全陷入了孤立無援的境地，然而許多人民代表也不支持他的觀點，這些無不令海倫為之扼腕嘆息。

如此偉大的真理、寶貴的思想和智慧的種子，竟然被丟棄在如此愚昧和腐朽的草堆裡，怎能不令人惋惜？

《塞繆爾・約翰遜傳》這部作品，海倫讀起來也很有興趣。但是這本書卻與其他書籍風格迥異。塞繆爾・約翰遜，這位孤獨者在克魯勃大街飽受各種苦難，卻還一心想著去慰藉那些卑微、貧窮的勞苦大眾，一心想著隨時向他們伸出援助之手。

他的一切成功都使海倫興奮不已，而當海倫讀到他遇到過失的那部分時，海倫則翻過去避而不看。海倫根本就不驚訝他有過失，而是感嘆他竟然沒有因為這些過失而精神不振。

這本書的作者才華橫溢，他的筆觸犀利而深刻，能夠化腐朽為神奇，確實令人欽佩不已。然而，他間或表現出來的自負則令海倫深惡痛絕。

在劍橋中學，海倫第一次領略到與年齡相仿、視聽正常的女孩在一起生活的樂趣。海倫與幾個同學合住在學校附近的一間房子裡，就像在家裡一樣。

她們一起玩遊戲、捉迷藏、打雪仗，常常攜手散步、討論

學習、朗讀美妙的文章。有些女孩能用手語和海倫交流，已經不需要蘇利文老師做翻譯了。

聖誕節到了，母親和妹妹也來到學校與海倫共度節日。為了照顧海倫，吉爾曼先生允許妹妹米珠麗留在劍橋中學學習。這樣一來，她和海倫幾乎形影不離，在劍橋度過了 6 個月的快樂時光。在以後的歲月裡，每每憶起那段快樂時光，海倫都興奮不已。

海倫在西元 1897 年 6 月 29 日至 7 月 3 日間，參加了拉德克利夫學院的入學考試。初試科目有初級德語、高級德語、法語、拉丁語、英語、希臘史和羅馬史。考試時間共幾個小時，海倫不但通過了考試，而且德語和英語還得到了優秀的成績。

海倫滿懷希望地升上了劍橋中學二年級。但在最初的幾個星期裡，海倫遇到的困難卻出乎她意料之外。

海倫在這個學年主修的課程已經開始了，而海倫所需要的許多書籍都未能及時得到凸字版，同時某些課程所必需的重要學習器具也沒有，這給海倫造成了很大的學習困難。加上海倫所在的班級人數很多，老師無法給海倫特別的輔導。

蘇利文不得不為海倫讀所有的書並翻譯老師的講解。她那雙靈巧的手已經不堪重負了，這是 10 多年來從未有過的。

　　海倫在課堂上根本無法完成規定的習題，直至海倫買到一架盲文打字機，借助這架機器海倫可以「寫」下解答的每一步驟。

　　在學習的過程中，這樣的障礙比比皆是，有時候海倫心灰意冷到了極點，而且還把這種情緒流露出來。後來，這些困難都一一克服了。凸字書籍和其他學習器具都陸續備齊了，海倫又重振精神投入到學習中去了。

 建立信心

多彩的生活

對於凌駕命運之上的人來說，信心就好似生命的主宰。

—— 海倫·凱勒

勇敢面對挑戰

在歷盡了千難萬險之後，海倫的大學夢終於實現了。但家人和朋友都建議她最好繼續輔導一年再入學，因此，直至西元 1900 年，海倫才正式踏入大學的校門。

進入拉德克利夫學院對海倫意義重大，多少年來海倫一直憧憬著這一天。

在海倫的心中，有一股強大的力量支撐著她，讓她不顧朋友的勸阻，與那些正常人一爭高下。她清楚地知道，進入大學後，自己將有更多的機會和那些像她一樣思考、愛憎和奮鬥的女孩們共赴成功之路。

海倫對自己的大學生活和學習充滿了熱切的期望，美麗而光明的新天地在她面前敞開了大門。海倫自信有掌控知識和命運的能力，她的心靈像別人一樣豐富自由。

在海倫看來，大學教授應該是智慧之神的化身，而大學講堂裡應該洋溢著聖賢先哲們的睿智思想和寶貴精神。

在入校的興奮過後，海倫漸漸覺察到，大學生活並非自己所想像得那樣浪漫美好。蒙昧無知的夢想逐漸褪去了浪漫動人的色彩，原來上大學也有不便之處啊！

進入大學的第一個學期，海倫學習了法文、德文、歷史、英語寫作和英國文學等課程，閱讀了高乃依、莫里哀、拉辛、阿爾弗、雷德・德米塞和聖・貝夫等許多法國名家的作品。

在德文方面，歌德和席勒的作品無疑是最好的教材。很快，海倫就溫習了一遍從羅馬帝國的滅亡到西元 18 世紀的歷史。

在英國文學的學習上，海倫對米爾頓的詩歌和他的《阿羅派第卡》進行了批判性地研究。

海倫也常懷疑自己是如何克服進入大學後的種種困難的。在教室裡，海倫幾乎是孤獨的。教授似乎處於一個遙遠的地方。

蘇利文手指如飛，盡可能迅速而準確地將教授所講的內容拼寫出來。在課堂上，海倫無法像正常的孩子那樣寫筆記，因為海倫的手一直忙於聽講。通常回家後，海倫才把腦袋裡有印象的內容趕快記下來。

海倫是用打字機完成所有練習和每天的短篇作文評論、小測驗、期中考試及期末考試的，因而教授可以輕而易舉地看出海倫懂了多少。

開始學拉丁文格律和音律時，海倫設計出一套能說明這些內容的符號，並將這些符號詳細解釋給老師聽。

海倫所使用的打字機，是她使用過的最適合她特殊需要的打字機。它可以使用好幾個活動字模架，有希臘文、法文和數學符號，可以根據每個人的需要選擇。如果沒有了它，海倫的大學學業將不可能完成。

　　海倫在學習時所用的各種教材中，盲文版的教材寥寥無
幾，因此，萬般無奈之下，只得請別人將教材內容拼寫在手
上。因此，僅是預習功課就比其他人花的時間多。

　　有時，很多事情都要「小題大做」，勞心費神，不免心
浮氣躁。想到自己要費好幾個小時才能讀完幾個章節，而別
的同學卻在戶外嬉笑玩耍，盡情地娛樂，海倫就更加心理失
衡。但是一下子海倫就振作起精神，這種憤憤不平就在海倫
的釋然一笑中消散殆盡了。

　　海倫懂得，要獲得真才實學，就必須要敢獨自攀爬險峰
奇山。既然人生的道路上沒有坦途和捷徑，自己就只能獨
自跋涉崎嶇的小徑了。海倫一次次滑落、跌倒，甚至一蹶不
振，遇上突如其來的障礙就大發雷霆，接著又控制、調節自
己的脾氣，然後掙扎著站起來，繼續前行。海倫每前進一
步，就受到一次鼓舞；得到更大的進步時，就會看到更廣闊
的世界。

　　在海倫的奮鬥歷程中，她並非永遠是孤立無助的，許多
人竭盡所能為她提供所需要的凸版印刷書籍，蘇利文更是全
力以赴。他們鉅細靡遺、無微不至的幫助和鼓勵，讓海倫感
激不已。

　　斯普蘭是海倫最欽佩的講師之一，他能完美無缺地把文
學作品的氣勢和風韻講解出來，他的詮釋簡潔明了，從不添

枝加葉。他能在短短一小時之內，讓你陶醉在古代文學大師創造的永恆中，讓你沉迷於這些大師高尚的情操中。

他能讓你全身心地領略《舊約聖經》莊嚴的美，而忘卻上帝的存在。當海倫離開教室回家時會感覺到，自己已經「窺見精神和物質永恆而和諧地結合，在時間的古老枝幹上萌生出新芽的真和美」。

這一年的學習生活是在快樂中度過的，因為海倫所學習的功課都特別有趣。

如經濟學，伊麗莎白時代文學，喬治·基特里奇教授開設的莎士比亞，喬賽亞·羅伊斯教授主講的哲學等。

海倫的思想，可以透過哲學與那遠古時代的樸素思想，以及其他產生理性的共鳴。

然而，大學也不是海倫想像中的那個萬能的文化古都雅典。在這裡，海倫不可能真正遇到那些偉人和智者，無法感覺他們真實的存在，甚至不能完全體會他們各自的風格。在學府的頹垣中，他們似乎又僵硬地存在著，海倫只能從知識的縫隙中一點一滴地深入挖掘，加以剖析，然後才能肯定他們是米爾頓或者是以賽亞，而不只是巧妙地模仿的大師。

有好多次，海倫都想將學習的科目扔掉一半，因為許多知識只會讓人白費力氣，讓人心靈超載，而那些真正有價值的知識珍寶卻無處容納了。

在一天之內，接二連三地學習四五種文字、內容風格迥異的知識往往會漫無目的、本末倒置，甚至只是為讀書而讀書。

當一個人只是為了考試和測驗而匆忙緊張地學習時，他就會將各種雜亂的東西堆滿腦子的各個角落，像一團亂麻，理不出頭緒，毫無利用的價值。

每當海倫進入自己的心靈世界時，就彷彿一頭貿然闖進瓷器店的公牛，知識的碎片猶如冰雹般雜亂無章地迎面砸來。

海倫千方百計地想躲過它們，但各種學術和理論就像精靈鬼怪一樣緊追不捨，海倫現在真希望將這些特地前來膜拜的偶像打得粉碎。

在大學期間，那些形形色色的考試可謂是最恐怖的鬼怪了。在和它們較量的幾個回合中，海倫一次次順利地把它們打翻在地，但它們又爬起來，帶著一張張猙獰的面孔撲向她，令人望而生畏。

考試前幾天，海倫不停地往腦子裡塞各種古怪的公式，和不易消化的年代資料，和強行嚥下無法入口的食物相差無幾。

這種感覺，簡直讓人無法忍受，每當此刻，她真希望與書和科學一起葬身大海，一了百了。

最後，可怕的考試終於到來了。當海倫在緊要關頭需要記憶和精確的分辨能力時，那些學過的知識卻偏偏張開翅膀飛得無影無蹤了，真是氣急敗壞，辛辛苦苦儲存在腦子裡的東西，在這重要時刻卻怎麼也想不起來了。

「簡述赫斯的生平及一生中的重要事蹟。」赫斯？赫斯是誰？他做過些什麼？這個名字頗為熟悉，而他的生平及事蹟也肯定背誦過，但現在要讓它呈現在腦海裡，就如同在一個碎布包裹裡翻出一小段綢緞那麼難。

這個問題似乎就近在眼前，而且海倫回想宗教改革開端時，還碰到過，可現在它卻遠在天邊。

海倫把腦子裡儲存的東西翻了個底朝天，歷次革命、教會分裂、大屠殺、政治制度等。但是怎麼沒有發現赫斯的身影呢？

而讓她更為驚詫的是，自己耳熟能詳的東西在考卷上卻一個也沒有發現。她一怒之下把腦子裡的東西全都倒出來了。啊！原來，這個赫斯就在角落裡！

此時，監考人員走過來通知她，考試結束了。海倫無比厭惡地一腳把那堆垃圾踢到角落裡去，然後回家。

一個革命的想法油然而生：應該徹底廢除教授們不經同意，就隨意提問的權利。此刻的海倫，已經改變了對大學的看法。

嗜書如命的性格

海倫對書籍依賴的程度遠遠超過普通人。海倫必須完全借助書籍獲得其他人透過視聽獲得的知識，並從中得到快樂和智慧。

在海倫 7 歲那年，她第一次讀了一篇完整的短篇小說。從那時起，海倫就如飢似渴地吞食手指所接觸到的一切書籍。

最初，海倫接受的啟蒙教育並不正規，只是隨便找些書來讀，只有幾本凸字書，一本兒童故事，一本啟蒙讀本和一本敘述地球的書，名為《我的世界》，這就是海倫的書庫中的全部藏書。海倫讀了一遍又一遍，直至上面的字磨損得無法辨認。

有時候，蘇利文讀給海倫「聽」並在海倫的手上拼寫那些，她認為海倫能理解的故事和詩歌。

但海倫寧願自己讀，而不願人家讀給自己「聽」。因為她可以反覆欣賞那些自認為有趣的作品。

事實上，海倫在第一次去波士頓時，才真正開始認真讀書。在學校裡，老師允許海倫每天花一些時間到圖書館看書，在書架前摸索著走來走去，隨便取閱書籍。

儘管海倫認識的單字不多，也不能理解其中的內容，但海倫還是喜歡閱讀。文字本身使海倫著迷，而不管自己所讀的究竟是什麼。

在那段時間裡，海倫的記憶力很好，許多字句雖然不知道其涵義，但卻能銘記在心。後來當她開始學會說和寫的時候，這些字句很自然地就冒了出來。海倫的詞彙如此豐富，朋友們都驚訝得目瞪口呆。

一天，蘇利文老師發現海倫在圖書館的一個角落裡翻閱小說《紅字》。那時，海倫才 8 歲，她問海倫喜歡不喜歡書中的皮爾，還講解了幾個她不明白的字給她聽。

然後，蘇利文說自己有一本小說，名叫《方德諾小伯爵》，是一本描寫小男孩的小說，非常精彩，讀了之後，一定會覺得比《紅字》更有趣。並且答應到夏天時讀給海倫聽。

8 月裡一個炎熱的下午，吃過午餐後，蘇利文坐在屋外不遠處兩棵墨綠色松樹之間的吊床上。

在閱讀之前，蘇利文先給海倫介紹了一些故事發生的背景，在閱讀過程中不斷講解生字。

起初生字很多，讀一讀就會停頓下來，一旦海倫了解故事情節後，就迫不及待地想知道故事的發展，而不願再理會那些生詞，對蘇利文老師的解釋聽得有些不耐煩。

但她的手指拼寫得太累不得不停下來時，急切的心情促使海倫把書拿過來，用手去觸摸上面的字。

海倫讀書的熱情打動了安納‧諾斯先生，他將這部小說印成了凸字版。海倫讀了一遍又一遍，幾乎能把它背下來，《方德諾小伯爵》成了海倫童年時代最親密的夥伴。

海倫之所以如此不厭其煩地描述這些細節，是因為之前她讀書常常是很隨意的。如此全神貫注地讀一本書，這是前所未有的。

這本書引發了海倫讀書的興趣，在此後的兩年時間裡，海倫在家中和波士頓之行中讀了很多書。海倫已經忘記那些書的作者，也想不起讀書的先後順序了。

海倫在學習和遊戲之餘讀這些書越讀越有興趣。她從不研究和分析這些書寫得好壞與否，也從不過問文體和作者的背景。

作家們將自己的思想珍寶以文字方式呈現在海倫面前，就像領受陽光和友愛一樣，這些珍寶海倫欣然接受了。

海倫偏好歷史，因而，古希臘有一種神祕的誘惑力強烈吸引著她。在想像的空間裡，希臘的天神依然在地上行走，與人類面對面交流。海倫最敬愛的神靈依然被供奉在神殿裡。

海倫在小時候就讀過《聖經》，但對於其中的內容並不能充分理解。曾有很長一段時間，《聖經》的奇妙和諧讓海倫的心靈無法接受。

在一個星期天的早晨，天下著小雨，海倫無所事事，請表姐為她讀一段《聖經》故事。雖然她認為海倫無法聽懂，但是仍然將約瑟兄弟的故事拼寫在海倫的手上。

海倫聽了確實一點興趣也沒有，奇怪的語言不斷重複，使故事聽起來很不真實，更何況那些事情原本就發生在天國裡。

海倫覺得《聖經》故事中的名字和重複的敘述方式十分古怪，相反，對於希臘人的姓名卻從未覺得稀奇。

希臘故事比《聖經》裡的故事更令海倫著迷。還沒有講到約瑟兄弟穿著五顏六色的衣服進入雅各的帳篷裡去說謊，海倫就已經酣然入夢了。

然而，多年以後，海倫讀《聖經》時，心中的喜悅和啟發日漸增長，使它漸漸變成一本最珍愛的書。《聖經》給了海倫深遠的慰藉：「有形的東西稍縱即逝，無形的才能永垂不朽」。

自從海倫對讀書著迷開始，便一直鍾愛莎士比亞的作品。她記不清楚自己是從何時開始讀蘭姆的《莎氏樂府本事》的，但記得第一次閱讀只是出於兒童的好奇心，不過開始便有很強的理解力，並為之驚嘆不已。

海倫對莎士比亞作品的最初記憶並不愜意。而且，那些歡快、溫和而又富於想像力的劇作，最初並不怎麼吸引海倫，也許是因為它反映的是快樂的兒童生活的緣故。

海倫反覆閱讀了莎士比亞的劇本，並能背誦其中的一些片段，但卻弄不清楚自己喜歡哪一本。對它們的喜愛，往往如同心情一樣變化多端。

　　除了詩歌，海倫還喜歡歷史。她閱讀了所能接觸到的所有歷史著作。從單調枯燥的各種大事記，更單調更枯燥的年表，到格林所著的公正又生動的《英國民族史》，從埃默頓的《中世紀》到弗里曼的《歐洲史略》，這些都在她的閱讀之列。

　　第一本使海倫體會到真正歷史價值的書是斯溫頓的《世界史》，那是海倫 12 歲時的生日禮物。書頁破爛不堪的《世界史》，被她像珍寶一樣珍藏著。

　　海倫在大學時讀得最多的是一些法國和德國的文學作品。德國人在生活和文學上，都不追求唯美，而喜歡炫耀力量，他們注重現實而淡漠傳統。

　　他們做任何事都有一股強健的活力。他們說話不是為了對他人產生影響，而是如骨鯁在喉，只圖一吐為快。

　　海倫也欣賞德國文學中的含蓄，其中最為寶貴的是它對婦女為愛情自我犧牲的偉大力量的褒揚。這種思想幾乎滲透到所有的德國文學作品中，其中表現得最為突出的是歌德的《浮士德》。

　　《浮士德》中說：「那曇花一現，不過是象徵而已。人間的缺憾，終會成為圓滿。那無法形容的，這裡已經完成。婦女的靈魂，引導我永遠向上。」

　　所有偉大的詩人和作家都熱情地表現著人類永恆的主

題，他們非凡而偉大的作品，引領海倫進入了真善美的世界。莫里哀和拉辛是海倫最喜歡的兩個法國作家。巴爾札克和梅里美的作品也很清新喜人，猶如陣陣海風拂面而來。阿爾弗雷德·繆塞簡直不可思議。至於雨果，儘管海倫不喜歡他的文學風格，但卻十分敬佩他的才華，佩服他卓越的浪漫主義。

海倫生理上的缺陷不能阻止海倫與作者們傾心交流。她可以聽到他們娓娓而談，因為他們本身就有偉大的博愛和高尚的仁慈。

生活富有朝氣

不要武斷地認為海倫的唯一樂趣就是閱讀，事實上，海倫的樂趣很多。她的大學生活豐富多彩。

海倫迷戀農村風光，更喜歡在田野漫步和戶外運動。她很小的時候就學會了划船和游泳。

海倫並不是出色的舵手，但她可以透過水草、睡蓮以及岸上灌木散發的氣味來辨別方向。

她划船不需要別人掌舵，她把槳用皮帶固定在槳環上，從水的阻力可以判斷船是否逆水而行，雙槳是否用力均衡。

她喜歡搏擊風浪，讓這桀驁不馴的小船完全服從自己的意志。小船輕快地駛掠過那波光粼粼的湖面，並隨之不停地上下顛簸。此情此景，怎能不令人心曠神怡？

海倫還喜歡在月夜泛舟，儘管她看不見月亮如何從松樹後面爬上天空，悄悄滑過中天，在大地上鋪出一條閃亮的道路，但她能感覺到月光的存在。

當她累得躺在墊子上，把手伸進水中時，彷彿看見了這照亮如同白晝的月光，觸摸到了它的裙子；偶爾會感覺有一條大膽的小魚滑過她的手指，還會感受到一棵睡蓮含羞的親吻留於指端。

船駛出小港灣的蔭蔽處時，海倫的眼前豁然開朗，周圍空間充滿了暖暖的氣息。她都搞不清楚這熱氣到底發自於水面還是樹林，甚至這種奇異的感覺會突然出現在內心深處。

風雨交加的日子以及寂靜的漫漫長夜，這種感覺都會出其不意地襲上心頭，彷彿是溫潤的嘴唇在她的臉頰上親吻。

西元 1901 年夏天，她第一次有機會到新斯科舍半島旅遊，領略海洋的風貌。蘇利文老師和海倫在伊萬杰琳的故鄉小住了幾日。朗費羅有幾首名詩歌頌了這裡，更增添了這裡的神奇魅力。她們還去了哈利法克斯，在那裡度過了大半個夏天。

這個海港簡直成了海倫的樂園，他們玩得非常痛快。海倫還乘船遊覽了約克瑞道特、諾斯威士特阿姆、貝德福拜新以及麥克納勃島，那種感覺真是美妙至極。

靜謐的夜裡，海港裡停泊著一艘艘龐大的軍艦，他們在

艦側悠閒地航行，妙趣橫生，無比美好！這些令人愉快的情景，令她至今難以忘記。

　　一天，海倫遇到了一件令她驚心動魄的事情。許多軍艦放出小艇在西北海灣參加划船比賽。很多人乘著帆船觀看比賽，他們被夾在當中。比賽時，海面風平浪靜，百帆爭流。比賽結束後，大家都調整航向，四散回家了。

　　突然，遠處飄來一塊烏雲，雲層越堆越多，黑壓壓地布滿了整個天空。剎那間，風起雲湧，捲起陣陣波浪。他們的小船揚起風帆，拉緊繩，無所畏懼地在風浪中穿行，一會在波濤中旋轉，一會又被捲上浪尖，然後跌落波谷。

　　風在吼叫，帆在吶喊，海倫他們的心狂跳不已，手臂抖動，但這些表現是精神緊張，而不是有所畏懼。

　　他們的冒險精神在這時表現得淋漓盡致，相信船長能化險為夷。他曾經歷過不計其數的風浪，但每一次都憑著有力的雙手，和洞察海浪的雙眼逃過了劫難。

　　在駛近港灣時，海倫他們附近的所有船隻都向他們鳴號致意，水手們向船長喝彩。駛抵碼頭時，海倫她們又冷又餓，已經筋疲力盡了。

　　有一年，海倫去新英格蘭最負盛名的一個鄉村度假，那裡風景如畫、幽靜迷人。

　　麻薩諸塞州的倫瑟姆與海倫有不解之緣，她的人生與這

裡緊密相連，還留下了生命中的喜怒哀樂。

錢布林斯的家就在菲利浦王池畔的紅色農莊，多年來，海倫就以此為家。每每想起與這些親朋摯友共同度過的快樂時光，以及他們對海倫的恩惠，海倫的心中就充滿了感激之情。

他們的孩子和海倫親密無間，經常幫助海倫。海倫他們相約玩遊戲，在林中攜手散步，在水中盡情嬉鬧。

那些年幼的孩子常常圍在海倫身邊，跟海倫講他們遇見的新鮮事，海倫也跟他們說精靈和詭計多端的黑熊的故事，這一切至今仍然歷歷在目。

錢布林斯先生還常常帶海倫他們，去樹木和野花的神祕世界探究奧祕。後來，海倫憑著第六感似乎聽到了橡樹液體流動的聲音，看到了樹葉上有斑駁陽光。

海倫認為，每個人都有一種潛能，能夠理解和接受自古以來人類所經歷過的印象和情感。每個人的潛意識裡還存留著，遠古時期綠綠的大地和淙淙的流水的記憶。聾盲人也不例外，這種能力是與生俱來的，誰也無法剝奪。這種遺傳智慧就是第六感，是將視覺、聽覺和觸覺融為一體的靈性。

在倫瑟姆，海倫結識了許多朋友，其中有一棵讓人嘆為觀止的橡樹，海倫引以為豪。

在很多時候，海倫總會帶著來訪的朋友去欣賞這棵樹中的帝王。它矗立在菲利浦王池畔陡峭的岸邊，據專家考證，

它已有 800 年至 1000 年的歷史了。傳說菲利浦王 —— 印第安人的英雄首領，就是在這棵樹下與世長辭的。

另一個溫和可親的樹友，就是紅色農莊庭院裡的那棵菩提樹。

一天下午，電閃雷鳴，風雨交加，後牆傳來了巨大的撞擊聲。不等別人告知發生了什麼，海倫已經猜到是菩提樹倒了。他們走到這棵英雄樹旁。它經受了無數狂風暴雨的洗禮，現在終於支撐不住猝然倒下，真讓他們痛心疾首。

西元 1900 年的夏天，考試一結束，海倫就與蘇利文老師立即驅車前往，倫瑟姆幽靜的鄉間度假了，那裡有 3 個著名的湖，海倫她們的小別墅就坐落在其中一個湖邊上。

在這裡，海倫他們盡情地享受陽光充足的白天，將工作、學習和城市的喧囂全都拋到九霄雲外。然而在這僻遠的鄉間，她們仍然能夠聽到遙遠的太平洋彼岸發生的殘酷戰爭，以及資本家和勞工的鬥爭。

在海倫的「人間樂園」之外，人們追名逐利，忙忙碌碌，熙熙攘攘，絲毫不懂得怡然自樂。世俗之事稍縱即逝，而湖水、樹木、遍布雛菊的田野，以及沁人心脾的草原才是永恆的存在。

人們都認為，人類的知覺都是由眼睛和耳朵傳達的，為此，人們特別驚訝，海倫竟然能分辨自己是在城市街道，還

是在鄉間小路上行走。鄉間小路除了沒有修造的路面以外，與城市的街道毫無二致。

但是，城市的喧鬧刺激著海倫的面部神經，她可以感受到路上行人來去匆匆的步履。

各種不和諧的吵雜聲讓她心神不寧。對於一個需要集中精力辨別事物的聾盲人來說，貨車在堅硬的路面呼嘯而過發出的「隆隆」的響聲，以及機器的轟鳴，都令人無法忍受。

在幽靜的鄉間，人們滿眼都是大自然的傑作，不必為熙來攘往的城市裡，殘酷激烈的生存競爭而鉤心鬥角、寢食難安。

海倫去過幾次狹窄又骯髒的貧民街道，想到有錢有勢者在高樓大廈裡怡然自得，保養健壯的身體和美麗的容顏，而另一些人則蜷縮在暗無天日的貧民窟裡，變得日益乾癟、醜陋，深感社會的不平等。

貧民街道裡擠滿了衣不蔽體、飢餓難耐的孩子。面對伸過來的援助之手，他們卻以為要挨打，唯恐避之不及。

這些可憐的小生命，他們的身影不斷地浮現在海倫的腦海，揮之不去。海倫深感痛苦。

然而令海倫感到痛楚的是，一些男人和女人蜷曲成一團已經不成人形了。海倫撫摸過他們粗糙的手，不由感嘆：他們陷入了一場無休無止的生存鬥爭 —— 不懈的奮戰、失敗和

絕望，他們付出巨大的努力，而收穫的成果卻與之形成了巨大的反差。

海倫常常感嘆，上帝把陽光和空氣賜予了芸芸眾生，事實果真如此嗎？在那骯髒的小巷裡，空氣汙濁，陽光黯淡。啊！世人非但不憐惜自己的同胞，還折磨他們。

當人們在餐桌上禱告「上帝賜給我麵包」時，許多同胞卻食不果腹，衣不蔽體。人們啊！為什麼不逃離城市，拋棄這喧譁雜亂，紙醉金迷的塵世，回到森林和田野，去過簡樸的田園生活呢？

這樣，孩子們就能像挺拔的幼苗茁壯成長，他們的思想就會與路旁的花朵一樣芬芳純潔，這些都是海倫在結束了一年的城市生活，回到鄉村後萌生的感想。

如今，海倫又踏上了這鬆軟而富於彈性的土地，又沿著綠草如茵的小路來到蕨草叢生的河邊，讓汩汩的溪水浸潤她的雙手了。她敏捷地翻過那道石牆，恣意地奔跑於綠色的田野，盡情地狂歡了。

除了散步，騎上雙人自行車四處閒遊也是海倫的一大樂趣。涼風拂面而過，鐵馬馳騁，分外愜意。御風而行既輕快自如又感受到了力量，海倫不禁心蕩神搖，飄然欲飛。

在可能的情況下，海倫會在散步、騎馬或划船時帶上她的愛犬。

　　海倫有過很多愛犬 —— 軀體健壯的馬斯提夫犬、目光溫順的斯派尼爾犬、安靜穩重的薩路基獵犬，以及忠實馴服的第瑞爾狼犬。

　　如今，海倫最寵愛的是那隻純種狼犬，牠尾巴捲曲，一臉的滑稽樣，十分討人喜愛。這些狗似乎都了解海倫的生理缺陷，在海倫顧影自憐的時候，牠們會依偎在她身旁，寸步不離。

　　每到下雨時，海倫便足不出戶，和其他女孩子一樣，她喜歡織點東西、翻翻閒書，或者與朋友們下下棋，用各種方式來消遣。

　　海倫有一個特製的棋盤，棋子可以插在凹陷下去的格子裡。黑棋子是扁平的，白棋子有著彎曲的頂。每個棋子中間有一個圓洞，上面放置著銅圓頭，可以分辨出國王和其他棋子。

　　國際象棋的棋子大小不一，白棋略大於黑棋。走完一步，海倫就可以撫摸棋盤了解對方的意圖和棋勢，棋子從一個格走到另一個格會產生震動，由此海倫可以知道什麼時候輪到她下棋了。

　　在海倫孤獨無聊的時候，單人紙牌遊戲也可以為她解悶。這種紙牌的右上角都有一個盲文符號，可以輕而易舉地分辨出是哪張牌。

如果有孩子們在海倫旁邊，與他們玩各種遊戲，那真是再有趣不過了。即使是很小的孩子，海倫也非常樂意和他們一起玩鬧。

令海倫欣慰的是，他們都很喜歡她。他們為她做嚮導，帶著她四處遊玩，還告訴她他們自以為有趣的新鮮事。

那些小不點自然不會用手指拼寫，海倫就用讀唇法理解他們的意思。有時讀唇不行，就打手勢。每當海倫錯誤地理解了他們的意思，並做錯了事的時候，他們便開心地大笑，然後又得將啞劇重演一遍。

海倫也常跟他們講故事，教他們各種遊戲。他們常常玩得不亦樂乎，因此，時間也不知不覺地在笑聲中流逝了。

海倫的快樂和靈感來源於博物館和藝術館。許多人滿腹狐疑──不用眼睛，僅靠手的觸摸就能感知，一塊冰涼的大理石表現出的動作、思想和藝術美？

是的，海倫的確能從撫摸這些，典雅的藝術品中獲得真正的樂趣。當這些藝術品的線條在指尖滑過，海倫就知道它們反映出了什麼樣的藝術器具的思想感情。

海倫能從天神和英雄雕像的臉上覺察到他們的愛與恨、勇敢和愛情。正如她能從活生生的面孔上摸出他的情感和品格一樣。

從羅馬神話中的月亮和守護女神黛安娜雕像的神態上，

海倫可以體會到森林裡的秀美和自由，以及她馴服猛獅，抑制強烈慾望的力量和精神；從維納斯雕像優雅的曲線和安詳的神態上，可以享受到靈魂上的愉悅；而巴雷的銅像則把叢林的神祕莫測表現得出神入化。

在海倫書房的牆上掛著一塊荷馬圓雕，低低的，順手就能摸到。她常常懷著無比虔誠的心情，撫摸他俊朗而憂傷的面龐。

海倫對他莊嚴的額頭上的每一條皺紋都瞭如指掌，那些皺紋記錄著他生活的軌跡，銘刻著他生命的痕跡，見證了他為國為民的艱苦奮鬥歷程。

冰冷的灰石中，那雙盲眼仍然固執地為他心愛的希臘尋找光明和藍天，但失望總是與他攜手同行。他的嘴角堅定、忠實、柔和而美麗。這張歷經滄桑的詩人的臉龐啊！他一生的遺憾以及他那猶如漫漫長夜的黑暗時代海倫都了然於心：

> 哦，黑暗、黑暗，
> 在這正午刺眼的陽光下，
> 絕對黑暗、全然黑暗，
> 永無光明的希望！

海倫彷彿看見荷馬在營帳間來回踱步摸索，聽見他婉轉的歌聲。他在歌唱生活、愛情和戰爭，歌頌一個英雄民族的輝煌戰績。這雄壯華美的傑作為這位盲詩人，贏得了永恆的

桂冠和萬世的景仰。

　　有時候，海倫甚至懷疑，手指對雕塑美的欣賞比眼睛更敏銳。她固執地認為，相形之下，觸覺比視覺更能細緻入微地體會線條的節奏感。

　　不管是否如此，海倫自認為她自己可以從希臘的大理石神像上，覺察出古希臘人情緒的高低起伏。

　　海倫的另一種娛樂是欣賞歌劇。她喜歡有人跟她描述正在上演的劇情，這比起閱讀劇本要有趣得多，因為這樣海倫有身臨其境的感覺，就像置身於激動人心的事件中。

　　海倫有幸見過幾位演技高超的演員。他們能使海倫忘卻自己身在何處，在不知不覺中把她帶到浪漫的古代。具有非凡技藝的埃倫‧特里小姐，有一次，還曾扮演過海倫心目中理想的王后，她親切地讓海倫撫摸她的臉龐和服飾。

　　身著國王服飾、佩戴王冠的亨利‧歐文勳爵站在她的身旁，他超凡脫俗的才智在他的行為舉止中表現得淋漓盡致 —— 表情豐富，有著從容駕馭一切的王者風範。在他扮演的國王臉上有一種冷漠、不可名狀的悲哀神情，令海倫久久不能忘懷。

　　直至現在，海倫仍然清楚地記得，12 年前第一次看劇的情景。那時，兒童演員萊斯莉正好在波士頓，蘇利文老師帶海倫去看她演的馬克‧吐溫的代表作《乞丐王子》。

　　海倫無法忘記劇場所充斥的喜怒哀樂，隨著劇情的發展，觀眾們忽喜忽悲，這位小演員也表演得唯妙唯肖。

　　散場後，海倫被允許由蘇利文陪同去後臺看望這位小演員。她還沒有換下華麗的戲裝，微笑地站在那裡，一頭金髮柔軟地從肩上垂下來。雖然剛剛結束演出，但是她絲毫沒有因疲憊而拒絕與觀眾見面。

　　那時，海倫剛剛學說話，來看她之前，海倫反反覆覆地練習清晰明了地說出她的名字。當她聽懂了海倫說的是她的名字時，她興高采烈地伸出手歡迎海倫，表示很高興與海倫相識，當時海倫興奮得幾乎跳了起來。

　　雖然生理缺陷使海倫的生活變得單調而乏味，但她依然可以用許多方式把自己和這個多姿多彩的世界聯繫起來。美好的事物無處不在，即使在黑暗和沉寂的世界裡也能發現美。無論身在何處，她都要不斷努力，並學會知足常樂。

　　海倫偶爾會想，當她孤獨地坐在生活的大門前等待它關閉時，一種與世隔絕的感覺，就會像清冷的濃霧一樣籠罩著她。她走不進那門內的光明、音樂和友誼。命運之神冷酷無情又麻木不仁地把她阻擋在大門之外。她真想義正詞嚴地抗議，因為她依然憧憬著自由，而且充滿了熱情。

　　但那一腔酸楚又徒勞無益的話到嘴邊又嚥下，猶如淚水默默地流在肚裡，她的靈魂開始沉默。

然而，希望之神又面帶微笑地走來與海倫輕聲耳語道：「忘我就會快樂。」因而海倫把別人眼睛看見的光明一直當作她自己的陽光，別人耳朵聽見的聲響一直當作她的樂曲，別人嘴裡蕩漾的微笑一直當作她的歡樂。

廣結良師益友

海倫結識了許多良師益友，這是海倫一生中最值得慶幸的事。在許多友誼的智者雙手扶持下，海倫漸漸步入了幸福之路。他們的友誼和教誨也深深地影響了她，並使她的生命變得甜美而高貴。

他們握手時充滿了不可言喻的同情，他們幽默有趣的性格，消除了海倫的憤怒、煩惱和憂慮，使海倫一覺醒來，煥然一新，重新看到真實世界的美與和諧，將腐朽化成神奇。

總之，有這些益友陪伴左右，海倫就感到心安。與他們的相會也許只有那一次，然而他們平靜的臉，溫柔的性格，消融了海倫心上永不滿足的冰塊，猶如清泉注入海洋，沖淡了海水的鹹澀。

海倫與許多智者相識，並能夠面對面地交流，這是非常榮幸的。海倫認識布魯克斯主教時還是一個孩子，那時，海倫愛坐在他的膝上，緊緊握住他的大手。

布魯克斯興致勃勃地為她講上帝和精神世界的事，再由

蘇利文拼寫到海倫另一隻手上。海倫聽了既驚奇又喜歡，雖然海倫不能完全理解他說的，但卻使海倫對生命產生了興趣。時光流逝，海倫在一天天長大，理解也就更深一層。

與奧利費‧溫德爾‧霍姆斯博士見面的情形，海倫依然記憶猶新。他邀請蘇利文和海倫在一個星期日的下午去見他。

那是初春時節，海倫剛剛學會說話不久，一進門海倫就被帶進他的書房。霍姆斯博士坐在壁爐旁邊一張扶手椅上。爐火熊熊，柴炭「噼啪」作響，他告訴海倫，自己正沉浸於懷舊的思緒中。

「還在聆聽查爾斯河的細語。」海倫補充道。

「是的，」他說：「查爾斯河讓我浮想聯翩。」

一股印刷油墨和皮革的氣味瀰漫著整個書房。海倫知道這裡一定到處都是圖書。海倫本能地伸出手去尋找它們，手指落在一卷裝訂精美的坦尼森詩集上。

蘇利文告訴書名後，海倫就開始朗誦：「啊！大海，衝吧！衝吧！衝向那灰色的礁石！」

海倫感到有水滴在了她的手上，於是就停止了朗讀。原來，是這位可愛的詩人被海倫感動得流淚了。此後，海倫又接二連三地見過他幾次，海倫不僅喜歡他的詩作，更喜歡他的為人。

在一個晴朗的夏日裡，海倫與蘇利文一起去看望了惠蒂爾。他溫文爾雅，談吐不凡，留給海倫的印象極為深刻。

他有一本自己的凸字版詩集，海倫挑了其中的一篇《學生時代》，朗讀了一遍。

他對海倫能如此準確地發音非常高興，說他聽起來一點不困難。海倫問他許多關於這首詩的問題，並且把手放在他的嘴唇上來「聽」他的回答。他說，他就是那首詩中的小男孩，小女孩的名字叫薩利。

接著，海倫又字正腔圓地朗讀了《讚美上帝》。當讀到最後一行時，惠蒂爾把一個奴隸的塑像放在了海倫的手中。惠蒂爾帶海倫去他的書房，並為蘇利文老師親筆題字，表達對她工作的欽佩。

在海倫的朋友中，有許多忘年之交，愛德華‧埃弗雷特‧黑爾就是其中一位。海倫 8 歲那年就認識他，隨著年齡的增長，海倫越來越敬重他。

他博學而富有同情心，是蘇利文老師和海倫在憂患之中最好的益友。在他那堅強臂膀的幫助下，海倫跨越了許多艱難險阻。

他不僅對海倫慷慨相助，對任何處境困難的人都是如此。他用愛賦予舊的教條新義，並教導人們如何信仰，如何生活，如何求得自由。

貝爾博士是海倫的又一位良師益友。他在許多方面都有很高的造詣，善於把自己研究的每一個課題生動有趣地向海倫描述，即使一些深奧的理論知識也讓海倫感覺到興致盎然。

和他在一起，海倫會感覺到哪怕只用一點時間，都可以成為偉大的發明家。他還表現得十分幽默和富有詩意，對兒童滿懷愛心。海倫對他滿懷敬愛的原因，就在於他個人的成就和感召令人讚嘆不已。

赫頓夫人也是一個真誠的朋友，海倫思想中獲得許多寶貴的東西，都要歸功於她。在大學的學習過程中，由於赫頓夫人的引導和幫助，海倫取得了長遠的進步。

當海倫因學習困難而氣餒時，她的信使海倫振奮，並重新鼓起勇氣。她使海倫真正體會到，克服一個困難後，隨之而來的麻煩也會迎刃而解，簡而化之。

赫頓先生還把海倫介紹給許多文學界的朋友，其中就有著名的威廉·狄恩·霍爾斯先生和馬克·吐溫先生。海倫還見過李察·華生·吉爾德先生和艾德豪德·克拉倫斯·惠特曼先生。

此外，海倫還結識了查爾士·杜德里·華納先生。華納先生善於講故事，深受朋友們的敬愛，他對人又富有同情心，大家都說他愛人如己。

有一次，華納先生帶著森林詩人約翰・柏洛夫先生來看海倫。他們和藹可親，平易近人。海倫十分欽佩他們在散文和詩歌創作上的才華，如今又切身感受到了他們為人處世的迷人風度。

這些文學界名流，談天說地，唇槍舌劍，妙語連珠，令人望塵莫及。他們對海倫說了許多至理名言。他們在與海倫攀談時，還不斷地調整話題，以適應海倫的口味。吉爾德先生還講起了他穿越大沙漠走向金字塔的月光之旅。

有一次他寫信給海倫，在簽名下做出凹下去的印跡，以便海倫能夠輕鬆摸出來。這讓海倫想起了赫爾先生與眾不同的簽名方法，他在給海倫的信上的署名都是刺孔的盲字。

海倫用唇讀法聽馬克・吐溫為自己朗誦他的精彩的短篇小說。他的思想和行為都與眾不同，在海倫與他握手時，似乎看到了他炯炯有神的眼睛。

甚至，當他以特有的、難以形容的幽默聲調進行諷刺挖苦時，使你覺得彷彿他就是那個溫柔、有同情心的伊里亞德的化身。

海倫在紐約還見了許多有趣的人物，其中有《聖尼古拉斯報》的編輯，受人尊敬的瑪莉・馬普斯・道奇女士，《愛爾蘭人》的作者，可愛的凱特・道格拉斯・威金女士。

她們送給海倫頗富情意的禮物，包括反映她們思想的書

籍，暖人心窩的信函以及一些照片。使海倫受益匪淺的朋友
還有很多，他們身上的許多高尚而純潔的品格是筆墨所難以
充分形容的。

　　卡內基先生是另一位使海倫受益匪淺的朋友。他強而有
力的企業領導才能無人能及，他英明果敢的能力，博得大家
的尊敬。他待人寬厚，樂善好施。但應該指出的是，如果沒
有他熱情幫助，海倫將無法實現她的大學夢。

　　由此可見，海倫的一生和朋友們密不可分，他們創造了
海倫的生活。他們費盡心思、絞盡腦汁，把海倫的缺陷轉變
成美好的特權，使海倫能夠安然地走出缺陷的陰影，無憂無
慮地快樂生活。

　　海倫上大學二年級時，有一天，《淑女書報》的主編忽
然來訪。主編說：「本社的社長有個很好的想法，就是在我的
期刊上連載妳的傳記，希望妳能夠幫助我實現這個願望。」

　　知道對方此行的目的後，海倫曾以功課太忙為由加以婉
拒，可是他卻堅持說：「妳不是已經在作文課上寫了很多嗎？」

　　他的話讓海倫大吃一驚：「啊！怎麼你連這些事也知
道？」

　　「啊，難道妳忘了我是做什麼的了？」那位主編笑著說，
帶有幾分得意。緊接著，他又告訴海倫，只要把學校裡的作
文稍加修改，就可以變成雜誌所需的稿子了，非常容易。

於是，海倫只好同意把《少女時代》的稿子連載在《淑女書報》上，並得到 3,000 美元的稿酬，不久後又和他們簽訂了合約。

開始時，一切都還順利，可越往後就越覺得棘手了。因為她自己不是專業作家，不知道寫什麼才能引起讀者的興趣，更不懂得如何把現有的材料加以適當的加工，變成雜誌社所需的文字，可以說她是個不折不扣的外行。

在她的頭腦中，根本就沒有截稿的概念，更沒有意識到它的重要性。然而，海倫的運氣還不錯，透過同班同學蕾諾亞的介紹，海倫結識了一個後來給予她大力幫助的人。

蕾諾亞告訴海倫，他的房東，不僅頭腦清楚，而且很慷慨，富有騎士精神，待人也和藹可親。如果有事相求，他一定會全力以赴的。

這個人就是哈佛大學的教授梅西先生，他當時在拉德克利夫學院兼課，但海倫並不知道。在聽完蕾諾亞的介紹之後，梅西先生給海倫的初步印象近乎完美。

懷念馬克·吐溫

　　早在西元 1894 年，海倫就聽過馬克·吐溫的大名。那時，她還不太懂事。後來，海倫漸漸地長大，在成長的過程中，受到了他潛移默化和日益深刻的影響。

　　從馬克·吐溫那裡，海倫懂得了人情的溫暖和生命的寶貴。在海倫的一生中，除了貝爾先生和蘇利文老師以外，馬克·吐溫先生就是海倫最敬愛的人了。

　　海倫在 14 歲那年第一次見到了馬克·吐溫先生。當時海倫和他都在紐約的勞倫斯·赫頓先生家裡做客，他友好地和海倫握手，就在那一剎那。海倫的直覺告訴她，他是能夠給她幫助的人。

　　那天，海倫見識了馬克·吐溫的詼諧和幽默，他是一個輕而易舉就能讓別人快樂的人。

　　後來，在赫頓先生和洛奇先生家裡，她們又見過幾次面，漸漸就熟識了，並建立了珍貴的友誼。以後每當海倫遇到重大事情或者生活發生變化時，她們就互相通信。

　　馬克·吐溫先生是個富有同情心的人，很能體會身障者的心理和情緒變化。

　　為了鼓勵海倫勇敢地面對生活，他常常把他自己的冒險經歷和聽來的引人入勝的故事講述給海倫聽，讓海倫從中感受到人生的光明和世界的美好。

　　有一次，她們應邀參加赫頓先生在家裡舉行的晚宴，馬克‧吐溫先生當晚發表了慷慨激昂的演說。

　　當時在場的聽眾有很多都是社會上有名望的人，其中包括後來當選為總統的威爾遜。

　　馬克‧吐溫先生義憤填膺地講述了菲律賓當時的情況，他說：「大約 600 名菲律賓婦女和兒童在一座死火山的火山口避難，而嗜殺的梵史東上校竟然把他們全部圍殺了。」最後他強調事情的真實性，感嘆說：「我從來沒有想到會有這種令人髮指的事情發生，如果不是我親眼所見，親耳所聞，我真不敢相信世上竟有這樣慘無人道的事和毫無人性的人。」

　　馬克‧吐溫先生憎惡一切非人道的事情，他強烈地反對不公正的政治事件和殘酷的戰爭。

　　對於菲律賓人、巴拿馬人和任何落後地區的人民，他都給予了深切的同情。一旦發現不公平和不道義的事存在，他就會不顧一切地抨擊，絕不保持沉默，這是他一貫的作風。

　　馬克‧吐溫先生一向十分關心海倫，只要海倫需要，無論什麼事情，他都會伸出援手。

　　認識她們的許多人對蘇利文老師都有好的評價，而馬克‧吐溫先生的褒獎最多，他對她推崇備至。因此，馬克‧吐溫先生一直是海倫最親密的朋友之一。

　　馬克‧吐溫先生與妻子情深意切，不幸的是，他的妻子先他而去。在妻子去世後的第二年，馬克‧吐溫先生在與海

倫的一次談話中回憶說：「經歷的最痛苦的一段時間就是去年，我感覺自己跌進了悲傷的深谷，甚至沒有信心和勇氣活在世上了，我只有借助工作來轉移我的思緒，減少對妻子的思念。」

有一次，為了能夠讓馬克‧吐溫先生從痛苦中解脫出來，海倫安慰他說：「你不要總是將那些傷心的事放在心上！你的才華和文學上的貢獻已經為你博得了世人的尊敬，你為人類留下了不朽的財富。蕭伯納把您的作品與伏爾泰的文章相提並論，而評論家吉卜林還把您譽為美國的塞萬提斯呢！」

聽了海倫的話，馬克‧吐溫回答道：「我知道妳是在安慰我，海倫，妳知道嗎？我現在有一個最大的目標，可以說我所做的一切都是為了這個目的，我要讓人們笑口常開，因為人們的笑聲會抹去我心中的痛苦。」

在美國文學史上，馬克‧吐溫先生是一位舉足輕重的文學家，而作為一個單純的人，海倫覺得他具有美國先民的開拓精神，而且崇尚自由、民主、和平等，是個道地的美國人。海倫最喜歡他爽朗的性格和豪邁的氣質，他不拘小節，談吐幽默文雅，是一個完美的開國時代的美國人。

《我居住的世界》一書出版後，不久，馬克‧吐溫先生就給她寄來了一封簡訊，海倫看後真是又驚又喜。

馬克‧吐溫在信上寫道：

我邀請妳們到我家來做客，我們可以圍爐夜談。如果妳們能在寒舍待幾天，我會覺得很榮幸，不知妳們是否願意接受邀請？

於是，她們立即寫好回信並寄了出去，然後興高采烈整裝出發了。

火車到了當地的火車站，馬克‧吐溫早就派專人駕著馬車，在車站迎接海倫她們了。她們坐上馬車，在曲折的山間小路上緩緩前行。

那個時候正是 2 月，天氣寒冷，剛下了一場雪，連綿起伏的山丘蓋上了一層白白的棉被，沿途的樹枝上掛滿了晶瑩剔透的冰凌，參差不齊，錯落有致，一陣清風從松林裡徐徐吹來，其間還夾雜著淡淡的清香。

馬車翻過了一個陡坡，眼前出現了一幢白色的房屋，駕駛馬車的人在前面介紹說：「看，吐溫先生在陽臺上呢，他一定早就等著妳們了。」

馬車終於進入了巨大的石門，馬車夫告訴海倫，馬克‧吐溫先生正向她們招手呢。

那個人又說：「看到了嗎？他穿著一身雪白的衣服，陽光照射在他銀白的頭髮上，就像浪花拍打岩石時激起的白色泡沫，是那樣地有生氣、有活力。」

　　在馬克‧吐溫先生的家中，爐火燒得正旺，室內還有清爽的松香。他為海倫她們端來了熱氣騰騰的紅茶和奶油吐司，她們覺得就像在家裡一樣舒適。馬克‧吐溫先生還對海倫說，這種吐司如果再塗上些草莓醬就會更好吃。

　　休息過後，馬克‧吐溫先生提議帶她們參觀一下他的居住環境。他說：「客人一般都喜歡到主人的房前屋後走一走，看一看，想必妳們也不例外，我帶妳們去看看吧！」對於主人的提議，她們欣然接受了。

　　走過主臥室旁邊的陽臺，海倫感受到了陽光的溫暖。主人也非常喜歡這個走廊狀的陽臺，經常在這裡享受陽光，這裡有許多盆栽花草，生氣盎然。

　　穿過走廊就來到了飯廳，旁邊是另一個臥室。繼續往前走，就是一間娛樂房，裡面擺放著一張撞球桌，據說這裡是馬克‧吐溫先生經常逗留的地方。他帶著海倫她們來到球臺邊上，溫和地對海倫說：「我教妳玩球吧！」

　　海倫有些猶豫，然後直接問他：「打桌球需要眼力，我恐怕沒有辦法玩。」

　　馬克‧吐溫先生接著說：「有道理，不過熟能生巧，洛奇先生和荷馬先生是桌球高手，現在他們閉著眼睛也能打得很好。」

　　從娛樂房出來，他們就往樓上走，去參觀主人的臥室，

他的床鋪充滿了古典情調，上面雕刻的花紋美麗而細膩。

夕陽西下時，馬克‧吐溫先生領著海倫他們，站立在寬大的落地窗前欣賞窗外的風景。

「海倫，充分發揮妳的想像力，想像一下我們站在這裡可以看到些什麼景象。這個房子就坐落在丘陵上，現在是雪的世界，一片銀白，純潔而美好；遠處有一片茂密的松林；左右兩側是連綿不絕的大小山丘，其上還有一些斷斷續續的殘舊石垣，天空現在有些陰沉，略顯灰暗。在這個從未被開發的世界裡，每個人都會覺得無拘無束，都能獲得自由的感覺。妳聞到陣陣松香了嗎？是不是感覺妙極了？」

海倫的臥室與馬克‧吐溫先生僅一牆之隔。壁爐上擺設著一對燭臺，讓她很好奇的是，燭臺旁邊放著一張卡片，上面整齊地分列出了房間內貴重物品的放置地點，後來海倫才知道，這個房間曾經被小偷洗劫一空。馬克‧吐溫先生索性把那些貴重東西的存放地點，清清楚楚地寫出來，有人想偷就自己去拿吧，而且自己不會在三更半夜受到干擾。這種做法完全符合馬克‧吐溫先生的幽默個性。

在餐桌上，一般來說，客人的唯一任務就是享用美味，主人則擔任娛樂賓客的角色。但是每次用餐結束後，海倫她們禁不住要對主人表示感謝，如果不這樣，她們就會心有不安。

　　吐溫先生在招待客人上的確與眾不同，他唯恐客人在用餐時氣氛沉悶，於是就充分發揮他的特長來調節氣氛，說些笑話或者講有趣的故事逗大家開心。她們吃飯的時候歡聲笑語不絕於耳。他在這方面確實很有天賦，每一句話都那麼生動有趣，引人發笑。

　　有時，馬克·吐溫先生為了讓海倫她們開心，甚至站起身來四處走動，一會走到餐桌這頭，一會又踱著步子到餐廳那頭。他經常講著故事走到海倫的身後，然後問海倫最喜歡什麼。心血來潮時，他還隨手摘一朵花放在海倫的手上，讓她猜是什麼花。當海倫猜中時，他就興奮得手舞足蹈，像個頑皮的孩子一樣。

　　為了測驗海倫的警覺性，馬克·吐溫先生經常趁海倫不注意溜到另一個房間彈奏風琴，邊彈奏邊觀察海倫對琴聲引起的振動的反應。蘇利文老師對海倫描述了他一面彈琴，一面觀察海倫的樣子，她聽後覺得非常有趣，頭腦中還會勾畫出當時的情景。

　　馬克·吐溫家的地板鋪的是瓷磚，也許因為這樣海倫對一般的聲音不是很敏感。如果海倫的手放在桌子上，她就能迅速地感覺到音樂的振動在沿著桌子傳遞，每每這個時候，馬克·吐溫先生會表現得比海倫更興奮。

　　晚飯過後，他們就坐在壁爐旁聊天，這是海倫一天中最

快樂的時候。早上海倫起得很晚，僕人會在 10 時左右喚醒她。每天早上，海倫都去向他道早安。此時，他多半穿著精緻的晨衣半靠在枕頭上口述文章，由在旁邊的祕書速記下來。

一天，馬克‧吐溫先生看到海倫進來後對她說：「我們吃完午餐後到附近去走走吧，欣賞一下這裡的田園風光，妳覺得怎麼樣？」

接著，馬克‧吐溫先生穿上了厚厚的毛皮外衣，戴上皮帽，就帶著海倫她們出去了。走到曲折坎坷的小路上，他親切地牽著海倫的手。那天，她們的散步很愉快，一路上，他細緻地為海倫介紹了沿途的景色。透過他的描述，海倫知道她們腳下的地處在岩壁和小河之間，而且風景優美。

穿過小河和牧場，她們來到了一座石垣前，上面爬滿了藤蔓。海倫摸索著，細數石頭上殘留的歲月痕跡，她們在不知不覺中已經走了一段不算短的山路，這時，馬克‧吐溫先生感覺有些疲倦了，想回家休息。

梅西先生見狀，就請一個人先回去叫馬車來接海倫她們。在梅西先生走後，馬克‧吐溫先生、蘇利文老師和海倫，打算走到半山腰的大路上去等馬車。

可是要走到那條大路並不容易，因為她們所在的地方與那條大路相隔甚遠，而且路途險象環生，有一段路很狹窄，到處都是荊棘，途中還有一條小溪，因為常有水，下面一段

地面長滿了青苔，一不小心就會摔跤，有好幾次，她們都險些滑倒。

「從草叢穿過去的路，會感覺越來越窄，就像松鼠爬到樹上一樣。」

儘管馬克·吐溫先生早就累了，但他依然保持著幽默的本色，依然談笑風生。不過，他說的確實沒有誇張，後來她們幾乎只有側著身體才能行走。

面對這種情形，海倫擔心地問：「我們會不會走錯了路，或者迷失了方向呢？」

馬克·吐溫先生詼諧地安慰海倫說：「海倫，不必擔心，這片荒野在地圖上找不到，換而言之，我們已經走入了地球形成之前的混沌中了，不過上帝已經告訴我，那條大路就在我們的前面。」

他說的一點都沒錯，大路就在視線可及的地方，但是問題的關鍵是那條小溪仍然橫亙在她們的面前，而且溪水相當深。怎麼渡過這條小溪呢？海倫她們束手無策了。就在她們左右為難時，梅西先生和馬車夫的身影出現了。

「不要著急，我們想辦法接妳們。」

梅西先生和馬車夫立即動手拆除了附近的一道籬笆，用那些樹幹和枝葉迅速地架起了一座小橋，海倫她們很快就順利地過來了。

　　那次散步的經歷是留在海倫腦海中的最愉快的記憶。當時海倫覺得這真是一次冒險，甚至為之心驚膽顫，但是只要馬克‧吐溫先生在場，即使迷路了也很有趣。海倫非常珍惜這一次經歷，經常回憶，每一次都覺得十分美好。

　　歡樂的時光總是匆匆而過，不覺已到了離別的日子。臨走的前一天晚上，吐溫先生為她們聲情並茂地朗誦了《夏娃的日記》。

　　海倫伸出手，輕輕觸碰他的嘴唇，細細地感受著他的音調，如同感受音樂的振動一樣，他的聲音非常感人！大家聽得如痴如醉。

　　當他讀到夏娃離開人間，亞當站在墓前的那一幕時，大家都感動得流下了眼淚。

　　第二天，海倫她們不得不整裝回家了。那天，馬車載著她們離開了馬克‧吐溫先生的房子，他站在陽臺上目送她們，向她們揮手。她們也頻頻回頭，依依不捨，最後，那幢白色的建築漸漸地在蒼茫的暮色中消失了。

　　「不知道什麼時候才能再見到他呢？」車上的人都不約而同地這樣想，可是誰也沒有料到，這竟然是她們的最後一次會面了。

　　馬克‧吐溫先生的去世令海倫她們萬分悲痛。為了懷念他，海倫專程回到她們一起生活過幾天的住所，但那裡早已

人去樓空，物是人非。

　　那間大壁爐的起居室因無人整理，已顯得有些冷清零亂了，只有樓梯旁的那盆天竺葵依然生機勃勃，兀自開放著，似乎也在懷念昔日那段令人快樂而難忘的時光。

永不服輸

只要是真正有益於社會的事情，而又是我能做的，我都將全力以赴。

—— 海倫·凱勒

做生活的主人

大學 4 年的生活稍縱即逝，轉眼已是迎接畢業典禮的時候了。海倫感到最遺憾的是，母親因為生產不能出席典禮。

在典禮結束之後，蘇利文老師就帶海倫匆匆離開了禮堂，直接乘車前往新英格蘭的連杉，那是海倫計劃搬過去住的地方。在連杉的住宅是一幢很久以前就買下的古老農舍，房子四周是荒廢已久的田地。

房間的布局和設計都是蘇利文老師親自動手做的。為了讓海倫能夠方便地呼吸新鮮空氣，蘇利文老師還特意在海倫臥室搭建了一個小陽臺。

在這個陽臺上，海倫的手扶在欄杆上，忽然感到了微微的震動，這種震動給她的感覺，就好像把手放在音樂家的喉嚨上的感受一樣。震動是間歇性的，忽有忽無，就在震動消失的瞬間，海倫感到有一片花瓣掉了下來，輕擦過海倫的臉頰落到地面。海倫立刻猜想可能是鳥兒飛來或者微風吹過，花瓣才會掉下來。

就在猜測的時候，海倫又感到了欄杆上傳來的輕輕震動。「到底是什麼呢？」海倫站在那裡紋絲不動，陷入了深深地沉思。

這時，蘇利文老師從窗內伸出手來，悄悄地暗示海倫不要動。她抓著海倫的手，告訴海倫：「在離妳不遠的欄杆上落

著一隻文牡鳥，只要妳稍微一動，牠就會受驚飛走，所以妳就站在那裡別動。」

海倫屏氣凝神，同時透過欄杆的震動，終於能分辨出牠的節拍與情調，知道牠的叫聲越來越大，越來越熱烈了。

一會，蘇利文老師又告訴海倫：「鳥兒的戀人正在蘋果樹上與牠應和，也許牠的戀人在那裡已守候多時了。」

西元 1905 年 5 月 2 日，也就是海倫大學畢業後的第二年，蘇利文老師與梅西先生結婚了。

長久以來，海倫一直期望蘇利文老師能遇到一位好人，有一個美滿的歸宿。現在，她的夙願終於實現了，她由衷地為她們的婚姻感到高興，並真誠地祝福她們永遠幸福、快樂。

蘇利文老師是個真誠的人，而且心地善良、仁慈、高貴；梅西先生也是一個和善熱情的人，他講的故事常常引起海倫發笑，而且他經常教導海倫一些她應該知道的常識和科學訊息，偶爾還會就當前的文學發展動向與海倫做一番探討。

在海倫大學畢業後的一段時間裡，她們夫妻一直陪伴在海倫身邊。

一次，海倫的打字機出現了故障，延誤了正常的寫作速度，最後為了趕稿，梅西先生整整熬了一夜幫海倫打了 40 張稿紙。當時海倫與《世紀雜誌》簽訂了合約，為他們撰稿，題目定為《常識與雜感》，文章的素材主要是生活中的一些

小事和海倫自身的感受與隨想。

　　由於簡‧奧斯丁女王曾以同樣的題材寫過書，因此海倫把稿子結集出版時，換了個書名叫《海倫居住的世界》。這本書是海倫感覺最順利的一部作品，在整個創作過程中，海倫的情緒一直處在最佳狀態。

　　海倫寫到新英格蘭迷人的風光，也討論海倫所想到的哲學問題，總之，只要思之所及，任何所思所想都可成文。

　　海倫的第二部作品是一冊詩集，名為《石壁之歌》，寫作的靈感來自田園。

　　有一天，海倫到野外整修古老的石牆，春天的氣息和勞動的喜悅，不禁使海倫萌生了濃厚的詩情和興致，於是海倫就想用浪漫的詩篇，歌頌大自然的美好。

　　海倫在連杉安頓下來後，突然產生了養家畜、種農作物的念頭，打算過樸實的田園生活。剛開始，海倫僅有小狗費茲，就是海倫前面講述的從劍橋帶回來的那隻狗。費茲在海倫搬到此地一年多之後就死了，後來海倫又陸續養了幾隻狗。

　　海倫還曾到附近的養雞場買來幾隻毛茸茸的小雞回來飼養，每個人都很熱心地照料牠們，沒想到，這些小雞還是絲毫不顧情面，不久，海倫的計畫又失敗了。

　　看著閒置的幾間空屋子，海倫覺得很可惜，因此想到把

它改成馬廄，用來養馬。海倫買了一匹馬，野性未馴、凶悍無比，半路上就把送馬的少年摔落兩三次。然而海倫全然不知，因為那位少年把馬交給海倫時對此事隻字未提。

第二天清晨，梅西先生把馬牽出來，套上貨車，要到鎮上去。剛出大門沒幾步，馬兒忽然暴跳起來。

梅西先生不知道出了什麼問題，以為掛在馬身上的馬具出了問題，於是就下車想看個究竟。當梅西先生剛把拖車從馬身上卸下來，那馬像得到了解放，一聲長嘶，然後狂奔而出，一下子就跑得無影無蹤了。

兩天之後，一位鄰近的農夫看到了牠身上還佩戴著馬具，在森林裡閒逛，得到消息後，海倫才將牠牽了回來。海倫對這匹失而復得的馬毫無辦法，只好把牠賣給專門馴馬的人。

那時海倫的經濟狀況比較拮据，有人勸她栽植蘋果。於是，海倫又買了 100 棵樹苗，開始種起蘋果來。5 年後，蘋果樹第一次掛上了果實，海倫激動得不知如何是好，還專門用筆記來記下了蘋果的重量和大小，留作紀念。

一天下午，僕人氣急敗壞地跑進來大聲嚷：「野牛來了！」海倫立刻跑到窗口。

哪裡是野牛，而是附近山上的野鹿，看樣子是全家出動。一對鹿夫婦帶著 3 隻小鹿，來到海倫的蘋果園裡暢遊，在陽光

下活潑跳躍的身姿,是如此的美妙迷人,大家都看呆了。

人們全然忘記了這不速之客會踐踏、損壞蘋果樹苗。等鹿走後,大夥兒才如夢初醒地出去查看「災情」,不看還好,一看竟然讓人心碎般痛苦不堪,100 棵蘋果樹只剩下 5 棵了。

後來,梅西先生在院子裡精心栽培了幾棵蘋果樹,而且長得很好,果實纍纍。每年秋天果實成熟時,海倫都會拿著梯子去摘蘋果,裝滿一桶又一桶。

梅西先生還想出了一個辦法,就是在室外通往山坡的沿途樹幹上綁上鐵絲,這樣一來,海倫就可以手扶鐵絲,獨自一個人走到森林裡去。這件事對海倫的意義非比尋常,畢竟她可以獨自走遠路了。

絕不服輸的人

還在大學讀書時,海倫就時常想:「我努力求取知識,目的在於希望日後能夠學以致用,為人類社會貢獻一點力量。在這個世界肯定有我的用武之地,而且這件事一定要適合我做,可是,是什麼事呢?」

說來奇怪,令海倫困惑的事情,朋友都幫她計劃好了。有的說:「妳不必勉強自己接受大學教育了,如果妳把精神用在與妳相同遭遇的兒童教育上,對社會的貢獻必然更大,而

且這正是上天的旨意。經費的問題妳不必擔心，我負責去籌募，如何？」

當時海倫答道：「我理解妳的意思，可是我想在完成大學學業之後，再考慮這件事。」

雖然海倫已經委婉地拒絕了，但是這位朋友仍然不改初衷，不斷地試圖說服海倫，同時對蘇利文老師進行疲勞轟炸。到最後，海倫實在疲於應付，索性不與他爭辯了，而這位朋友竟誤以為海倫已默許了。

他在第二天清晨就匆匆啟程前往紐約了。他到紐約、華盛頓等地遍訪朋友，宣稱海倫計劃獻身盲人教育工作，而且要立即付諸行動。

赫頓夫人得知這一消息後，覺得不可思議，於是立刻寫信給海倫，表示要海倫盡快趕往紐約，以便說明事實真相。於是，海倫與蘇利文老師只好風塵僕僕趕往紐約，與那些有意資助她的先生們見面。

其時，洛奇先生正好有事，不能前來，由馬克·吐溫先生全權代表。幾個人為此事聚首討論時，馬克·吐溫先生表示：「洛奇先生交代得很清楚，他不會在這件事情上投一分錢。」可是那位朋友仍然固執己見。

海倫並不贊成這些計畫。於是對他們說：「你們的計劃並不能讓盲人真正獨立，所以很抱歉，我不感興趣。」聽了海

倫的答覆，那些人居然憤怒地指責海倫自私自利，只關心對
自己有利的事。

　　讓海倫覺得欣慰的是貝爾博士、洛奇先生，以及其他幾
位熱心幫助海倫的先生，他們都很開朗、慷慨，而且一直鼓
勵和支持海倫去做自己喜歡的事情，並給了海倫最大的限度
的自由，從不隨便指點和干涉海倫的意願。

　　他們的做法令海倫感動，也給她很大的啟示。她暗自下
決心：

> 只要是真正有益社會，有益於人類的事情，而且又是
> 自己力所能及的，都將盡力去做。

　　直至海倫上大學三年級時，海倫才遇到了真正替盲人作
貢獻的時機。

　　有一天，一位青年來拜訪海倫，自稱是查爾斯‧康培
爾。他告訴海倫，他的父親畢業於柏金斯盲校之後，在倫敦
設立了一所高等音樂師範學院，致力於英國的盲人教育。

　　他來拜訪海倫的目的，就是邀請海倫加入「波士頓婦女
工商聯盟」。當海倫知道這個組織是以「促進盲人福利」為
宗旨的時候，立即同意加入。

　　海倫曾到議會去請願，希望能夠成立一個特別委員會，
以此保持盲人的權利。請願非常順利，因此特別委員會也很
快成立了。而海倫的工作也以特別委員會為起點，這是一個

極好的開端。

　　開始，康培爾先生帶領海倫調查了盲人能夠做的一切事情。為此，海倫成立了一個實驗所，專門教導盲人做些手工藝一類的副業。

　　為了把這些產品銷售出去，海倫又在波士頓開設一家專賣店，其後，又在麻薩諸塞州等地方開設了幾家分店。

　　在她看來，盲人有兩件事為當務之急：第一件事是如何使每個盲人學會一種技藝，而具備自食其力的能力。同時應該成立一個全國性的機構，以方便盲人之間的彼此聯絡和職業調查的順利進行。

　　第二件事是，為了提高盲人的教育水準，應把目前美國、歐洲等地廣泛使用的幾種盲文統一起來。

　　有一天，委員會迎來了不遠千里從紐約趕來的摩洛博士。他提出的失明預防法說：「目前盲校中的兒童，約有２／３是因為出生時，眼睛受到病菌感染而失明的。像這種情形，如果我們在孩子出生前先加以消毒、防範，那麼許多人就可以避免失明的不幸。」

　　摩洛博士說得很對，要做好這件事並沒有想像得那麼簡單。因為醫生與大眾傳播機構都有很深的成見，不肯輕易打破避免談這類問題的習慣，因此都拒絕幫助海倫的委員會。

　　這種狀態持續了兩年。直至西元 1907 年，海倫到堪薩斯

市，與一位眼科醫生談到此事，他說：「這種事以報紙的效果最大，妳們為什麼不去拜訪堪薩斯市明星報社的總編輯呢？說不定他會為妳們在報紙上討論盲童的問題而大開方便之門呢。」

海倫立即拜訪了明星報社的總編輯尼爾遜先生，當海倫說明來意後，他卻乾脆地回絕了海倫的要求。

當時海倫很失望，或者是她的沮喪的表情打動了尼爾遜先生，他忽然又改變了語氣：「這樣好了，妳們要寫什麼儘管寫，至於是否刊載，由我依據情況而定，妳認為怎麼樣？」

這個回答讓海倫如釋重負。她立即選了幾個真實的例子寫成報導，送到了報社，結果尼爾遜先生把這篇稿子登在明星報的第一版上面。至此，海倫的工作算是有了一個良好的開端。

接下來，《仕女雜誌》也在同年開闢了盲童問題的專欄，海倫又陸續寫了幾篇稿子，於是全國的報紙、雜誌紛紛加以轉載，擴大討論面。之後，針對盲人問題的專刊也相繼創辦起來了，最具代表性的是《盲人世界》和《盲人雜誌》。

《教育百科全書》雜誌還委託海倫，為他們提供有關盲人問題的論文。從此，海倫的工作量逐漸增多，稿約不斷，甚至有點應接不暇，而且時常還得受邀出席各種相關的會議，並發表演講。

在這段時間裡，海倫的生活節奏加快了。她往往急忙忙地趕到會場，開完會回到家，已有另一項邀請在等著自己，有時在同一天內要連趕五六場。

除此之外，她還要抽出更多的時間整理和分類越來越多的信件。由於過於勞累，她感到吃不消，身體每況愈下。

雖然整日忙得不亦樂乎，但是海倫的經濟狀況卻沒有根本好轉，有一陣子連女僕都雇不起。於是，蘇利文老師每天早上送先生到火車站後，回程時順道去買菜。

他們出去的時候，海倫就在家裡收拾房間，擺放桌椅、收拾床鋪，然後到花園裡摘花來插，或者去啟動風車儲水，還得記住去把風車關掉等。

這些生活瑣事耗費了海倫許多精力，偏偏這段時間的稿約和信件又特別多，因此她的工作壓力很重。

西元 1906 年，州長推薦海倫擔任了麻薩諸塞州，盲人教育委員會的委員。每次委員會開會時，蘇利文老師總是坐在海倫身邊，以手語向她轉述會議進行的情形。

但是，事實證明，為盲人謀求福利必須借助團體的力量，唯有這樣才能引起輿論的注意與支援。

因此，海倫仍然必須出席各種公開會議，如醫療公會和其他公會舉辦的會議。海倫還必須下工夫練習演講的技巧，以使她的演講在群眾中更有說服力。

　　為了達到這個目的，海倫先後向多位老師請教演講的技巧，可惜效果都不盡理想。就在此時，她遇到了波士頓的懷特先生，他精研音樂理論，據說在發聲機的研究上頗有造詣，也許他能幫助她解決這個困擾。抱著這種心理，海倫找到了他。

　　懷特先生為人直爽而且很熱心，他對海倫說：「雖然我不知道自己能做到什麼程度，但是我可以把它當作新課題來研究，我可以試一試！」

　　於是從西元 1910 年開始，懷特先生每星期六都到連杉來，住在海倫家，星期日回去。在這兩天的時間裡，他就教海倫表達的技巧。

　　懷特先生在開始時著重訓練海倫的發聲器官，然後練習發音，最後才教節奏、重音及聲音的音質、音調。

　　如此，經過 3 年之後，海倫終於可以勉強在大眾面前開口說話了。海倫的第一次實驗性演講是在紐澤西州的蒙他克雷。

　　她站在講臺上一直發抖，一句話也說不出來，儘管她是有備而來，演講稿早就寫好了，而且爛熟於心，但是，偏偏發不出聲音。最後，她終於累積了足夠的勇氣，用盡全力喊出聲來。

　　此時，她感覺自己猶如發射了一枚重磅炸彈，可是臺下

的觀眾卻說，她的聲音像蚊子一樣小，根本就聽不清楚。畢竟，海倫不是一個容易服輸的人，雖說十分吃力，但仍然把預計演講完成了。

從講臺上走下來後，海倫不禁哭出聲來，懊惱地說道：「我根本就說不了話，我太自不量力了，簡直是自取其辱，做不到就是做不到！」

海倫雖然這樣說，但並沒有因此而喪失信心，相反，她又重新鼓起勇氣開始更勤奮地練習。終於，海倫總算可以在眾人面前說話了，其他工作也因此得以順利地開展了。

克服演講時的困難

海倫還是對學會說話之初就登臺演講心存顧慮，其中，最主要的原因是她不知道應該說什麼。

每次她的演講總能引起很大的反響，聽眾來自各個階層，有老人，也有小孩，有窮人，也有富翁，當然有很大一部分聽眾是盲、聾、啞人或者有其他生理缺陷的人。

在演講中，海倫只要想到還有和自己一樣不幸的人們，生活在痛苦和迷茫之中，她就盡其所能安慰並鼓勵他們，希望他們生活得更充實、更美好。

由於海倫和蘇利文很受歡迎，因此海倫也開始有勇氣去各地巡迴演講了。

蘇利文老師是個天生的演說家，聽眾常常沉浸在她生動
形象的描述中，她能引導聽眾走進海倫的回憶裡，也能激發
大家憧憬美好的未來。

每次在聽完蘇利文如何苦心教導海倫的過程後，每個人
都不禁為之動容。蘇利文老師的演講基本上都排在海倫的前
面，通常需要一個小時的時間。

蘇利文演講的時候，海倫就帶上一本盲文書籍在一旁
閱讀。

輪到海倫上臺的時候，一般會有專人引領海倫到講臺上
去。海倫首先把手指輕輕地放在蘇利文的嘴唇上，這樣聽眾
提問的時候，她可以透過老師嘴唇的動作明白是什麼問題，
然後就可以回答聽眾提出的問題了。

雖然經過了一段時間的巡迴演講，但是海倫的表達技巧
依然停留在原來的程度上，她很著急，但是又不知道如何才
能提升。

海倫的最主要問題也是亟待解決的難題，就是發音不
準。有時還會突然發出奇怪的聲音，而且音調低沉，沒有抑
揚頓挫的美感，有時甚至導致聽眾不知所云。

她一再努力改善，但始終沒有進展，更不敢想像能夠發
出清脆悅耳的聲音了。有時，海倫試圖重點強調某一句話，
讓觀眾都能夠聽清楚，但是她的嗓子偏偏不配合，舌頭也不
聽使喚，根本就發不出聲音來。

這時，她又緊張又著急，可越急越糟，她覺得非常尷尬，自己肯定一臉窘迫，可以想像那是多麼糟糕的情形。不過，令海倫感動的還是那些聽眾，不管自己的表現多麼失敗，他們都會回報給她真誠和耐心，從頭到尾認真聽完她的演講。

每次她都能感覺到他們熱烈的掌聲，在結束演講下臺後，還有人特地來後臺看望她，對她表示感謝，給她鼓勵，這是令她最欣慰的。

海倫的演講時常出現瑕疵，而蘇利文老師的演講卻十分精彩，常常能夠感染在場的觀眾，讓他們聽得入神，體會著她教導海倫的種種艱難和其中的酸甜苦辣。

海倫也常常被老師的演講打動，陷入回憶之中，有時甚至忘記向她鼓掌祝賀。最初，海倫只在新英格蘭及紐澤西州附近演講。後來，海倫的巡迴演講擴大到了更遠的地方。

西元 1913 年，海倫前往華盛頓演講。碰巧的是她抵達華盛頓的那天，正好是威爾遜總統就職儀式的前一天。所以，聯合通訊社委託海倫將這次盛況空前的典禮情形向讀者報導一番。於是，海倫得以榮幸地親歷了典禮的整個過程。

典禮舉行的當天是個多雲的日子，正是閱兵的最佳天氣。華盛頓市區內萬人空巷，大家爭著跑到高處，都希望能找到欣賞閱兵儀式的理想位置。

如此熱烈而肅穆的氣氛，令當時的海倫心潮澎湃。她禁

不住虔誠地祈禱：「願這些可愛的年輕軍士們不要再捲入殘酷的戰爭，他們只要身著帥氣的軍服對著總統敬禮就好了。」

可是事與願違，第一次世界大戰不久就爆發了。海倫對戰爭深惡痛絕，但是讓她痛心疾首的是，這些殘酷和血腥事件的發生是她無法阻止的。

海倫永遠不會忘記的是，當時她和貝爾博士在一起度過了一段難忘的時光。貝爾博士是電話的發明者和捐助聾啞教育的慈善家。可是對海倫個人來說，他卻是一位至親至愛的好朋友。

的確，海倫與貝爾博士建立並保持了深厚的友誼，而且時間最長感情也最好。那一次演講，海倫又和貝爾博士站在了同一演講臺上。

海倫與蘇利文老師的演講生涯依然在繼續著。那一年秋天，蘇利文老師接受了一次大手術，由於身體太虛弱，無法再繼續旅行演講了。

第二年 4 月分，海倫前往緬因州演講。

天氣忽然間變得很冷，第二天早上醒來時，海倫發覺老師生病了，而且相當嚴重。

海倫初次來到這個地方，舉目無親，附近又沒有朋友，真不知如何是好。最後，好不容易才想到請旅館的人派車送她們回去。

懷念貝爾博士

　　海倫已經記不清她們在華盛頓的演講，是在總統就職儀式之前還是之後了，但她永遠不會忘記的是，當時她們和貝爾博士在一起度過了一段難忘的時光。

　　那一次演講，海倫又和貝爾博士站在了同一演講臺上。其實，早在海倫 10 歲時，就曾與貝爾博士一起出席過聾啞教育促進大會了。海倫與貝爾博士建立並保持了深厚的友誼，而且時間最長感情也最好。

　　早在蘇利文老師走入海倫的生活之前，海倫就已經與貝爾博士熟識了。當時海倫仍生活在一片黑暗之中，貝爾博士卻對海倫伸出了溫暖的友誼之手。也許是這個緣故，海倫和他一見如故。當時若沒有貝爾博士的熱心奔走，安那‧諾斯先生就不會把蘇利文老師介紹給海倫。

　　貝爾博士自始至終就非常讚賞蘇利文老師的教導方式，他曾欽佩地對她說：「妳對海倫的教育是成功的，我覺得妳的教育方式值得教育界所有人參考和借鑑，而妳本身就是一本寶貴的教材。」

　　貝爾博士非常熱心聾啞教育，這是眾所周知的，有趣的是，他的這種熱心還是家傳的呢。原來貝爾博士的祖父正是口吃矯正法的創始者，而他的父親梅爾‧貝爾先生一生也致力於聾啞教育，是唇讀法的創始人。

梅爾‧貝爾先生相當幽默，也很謙虛，他從不因為自己
對聾啞人的貢獻而沾沾自喜，他常常開玩笑地對兒子說：「這
種發明和創造根本就不賺錢。」

貝爾博士非常孝敬父親，經常與父親一起聊天交流。他
只要有一兩天沒有見到父親，就會說：「我得去看看我父親
了，與他聊天能學到很多東西。」

在波多馬克河入海口的河畔，有一幢典雅而秀麗的房
屋，那就是貝爾博士的家，那裡風景十分優美。海倫曾見到
他們父子兩人並肩坐在河邊，邊抽著煙，邊望著來往的船
隻，十分悠閒。

偶爾有較稀罕的鳥聲傳來時，貝爾博士就說：「爸爸，用
什麼記號表示這種鳥比較好呢？」於是父子兩人便展開了忘
我的發聲學研究。他們父子分析任何一種聲音，然後將之轉
換成手語表達出來。或許由他們專門研究聲音，因此許多人
都說這父子倆的話聽起來既清晰又悅耳，感覺就像在傾聽美
妙的音樂。

貝爾博士不僅與父親相處融洽，而且對母親也十分孝
順。在海倫認識他時，他的母親患有嚴重的聽力障礙，幾乎
失去了聽力。

有一天，貝爾博士駕車陪海倫和蘇利文老師去郊遊，途
中她們採了許多漂亮的野花。歸途中，貝爾博士忽然想到要

把野花送給母親。於是，他俏皮地對海倫她們說：「等一會我們進門的時候，就出其不意地往裡衝，這樣一定會給我父母一個驚喜。」

話雖這麼說，可是海倫他們即將進門的時候，貝爾博士卻突然改變了主意，他抓住海倫的手，告訴海倫說：「我的雙親好像都在睡覺，請大家保持安靜，腳步盡量輕一些。」

海倫她們輕輕地走到花瓶邊，插好花後又輕輕地走出來。當時，貝爾博士的父母安詳沉睡的神態給海倫的印象十分深刻。兩張並排的安樂椅上，博士的母親伏在椅子的靠手上，因此看不到臉，只見到一頭銀白色的頭髮，而他的父親則仰臥在另一把椅子上，頭高高地靠在椅子上，似一個莊嚴的君王。

海倫常說，能與這樣一家人結識是她的榮幸，因此她常常在閒暇時去拜訪他們。博士的母親喜歡編織，尤其擅長花草圖案，她抓著海倫的手，親切而耐心地教海倫。

貝爾博士有兩位女兒，年紀與海倫相近，海倫每次去的時候，她們對海倫都很熱情，讓她有家的感覺。

貝爾博士在科學上成就卓越，有不少知名的科學家常常是他的座上客，如果海倫正好也在場的話，貝爾博士就會把他們的對話 —— 寫在海倫的手上。

貝爾博士以為：「世界上的事情無所謂難易，只要你用

心，許多看起來很難的事也可以變得非常簡單。」海倫用心傾聽，雖不能完全理解，但也認為極有道理。

貝爾博士的口才極好，稱得上是個不折不扣的雄辯家，只要他進入房間，短短兩分鐘之內，就一定能夠吸引所有人的注意，每個人都樂於聽他講話，這是他異於常人的魅力所在。

雖然如此，貝爾博士並不會因此就把自己的主觀意識強加於他人，相反的，他總是虛心考慮別人的觀點，遇到意見分歧的時候，他常謙遜地說：「是嗎？你的想法也有幾分道理，看來我還需要認真思考一下。」

但是在聾啞教育上，貝爾博士一直堅持己見，認為聾啞人最好使用口述法，摒棄手語法。理由是：「當一個聾啞者以手語來表達時，必然引來一般人異樣的眼光而產生隔閡，長此以往，他們想要達到正常人的知識水準很難。」

許多人都不同意貝爾博士的觀點，但是海倫相信，每個從事聾啞教育的人，一定都會敬仰貝爾博士在聾啞教育上的偉大成就。他沒有任何野心，更不企望任何回報，只是在本著科學的態度，推進聾啞教育的長遠發展。

貝爾博士曾自費從事各種研究，還一度創辦過學校，英國聾啞教育促進協會就是他創立的。他甚至還把發明電話得到的獎金設置為聾啞者的獎學金。為了使聾啞的孩子們能像

正常人一樣說話，貝爾博士花費了大量的心血。

貝爾博士原本生活在蘇格蘭一個非常偏僻的地區。但移居美國已經很久，所以算是真正的美國人了。他熱誠開朗、秉性善良、待人親切，因此朋友們都喜歡他，敬重他。

海倫她們在日常閒聊時，貝爾博士經常會提及與科學有關的事情。某次博士告訴海倫，他年紀還小時就想鋪設海底電纜，不過直至西元 1866 年此夢成真之前，他經歷過無數次失敗和挫折。

他還說，以後人們可以利用海底電纜和遙遠的東方對話。當時，海倫年僅 12 歲，所以把貝爾博士的話當成神話故事聽得入了神，她感到特別震驚。

在貝爾博士的陪同下，海倫參觀了一棟建築物，那是電話作為日常通信工具進行首次實驗的地方。他告訴海倫說：「如果沒有助手湯瑪斯·華生的幫忙，也許電話的發明不會像目前那麼完備。」

在西元 1876 年 3 月 10 日，貝爾博士拿起話筒對在另一個房間工作的華生先生說：「華生，你可以過來一下嗎？我有事。」

這是人類歷史上啟用電話時所說的第一句話。突然聽到這句話的華生，當場嚇了一大跳。

「這個具有歷史意義的時刻，他為什麼不說些更有意義的

話呢？」海倫聽完了貝爾博士的描述後，說出自己的意見。

貝爾博士立刻回答：「妳錯了！海倫，這個世界必將越來越繁忙，我們需要這種便利的工具來傳遞諸如：『你可以過來一下嗎？我有事』之類的訊息，這才是最務實的。」

貝爾博士不僅發明了電話，還發明了對講機、感應天平等許多實用的東西。他所留給海倫的都是最美好的回憶。記得有一次，海倫她們到成匹茲堡去看煙火，當煙火衝上天空的那一瞬間，海倫竟然興奮得又笑又叫：「一定很漂亮！好像河水在燃燒。」

現在，海倫仍然可以很清楚地回憶起，貝爾博士與他的女兒們一起坐在遊艇的甲板上賞月的情景。

那天晚上，與海倫她們在一起的還有紐康博士，貝爾博士興致勃勃地對她們大談流星、衛星及月食的種種情況。

貝爾博士對海倫的生活及終身大事的關心不亞於她的父母。他時常對海倫說：「海倫，妳還年輕，來日方長，所以應該考慮一下婚姻問題。蘇利文老師總有一天會結婚的。那時候，妳該怎麼辦呢？」

「可是誰願意跟我這樣的人結婚呢？更何況我覺得自己現在很幸福、很快樂。」海倫總是這樣回答博士。

海倫雖然這樣回答，但她可以真切地感覺到貝爾博士，是真心地在為她的未來操心。當蘇利文老師與梅西先生結婚時，貝爾博士再次提到這件事：「海倫，我說的話現在已得到

了驗證，不過現在妳還年輕，妳應該聽我的話，把建立家庭這件事放在心上，並盡快付諸行動。」

「我理解您的想法，可是一個男人若娶了我這樣的妻子，豈不是太可憐了嗎？我什麼都不會做，那樣不是在增加丈夫的負擔嗎？」

「也許有很多事情妳不能做，也做不好，但我相信會有善良的男孩子喜歡妳的，如果他不計較這些而與妳結婚的話，妳一定會改變主意的。」

正如貝爾博士所說，後來海倫確實曾經動過心，這些暫且不談。

西元 1920 年，海倫和貝爾博士見了最後一面，當時他剛從蘇格蘭回來，對海倫說：「雖然應該算是回到故鄉去，可是內心不僅沒有親切感，反而有那種身處異鄉的落寞。」

接著，博士又興致勃勃地談起了飛機，而且表示要研究飛機的製作。他預測不超過 10 年，紐約與倫敦之間就會開闢航線，而且在大建築的樓頂上會有小型飛機場，就像現在家家有車庫一樣，不久飛機將作為新的交通工具領導時代的潮流。

博士還說，下一次世界大戰會以空中為主要戰場，而在海上潛水艇的重要性將大大超過巡洋艦。

貝爾博士還預言：「學者們將來會發明出冷卻熱帶空氣的方法，或者是使熱氣流到寒冷地帶去，然後讓南、北極的冷

空氣流到熱帶來調節冷熱，這樣，世界的任何角落都能夠適合人類居住和生活。」

每次聽到這些科學設想和樂觀的預言，海倫都興奮不已，她感到這些東西既新奇又遙遠，不過海倫沒想到預言會那麼快應驗。因此，當海倫在 6 年後聽說法國的學者們，真的利用海洋的某些特點來調節氣候時，她不得不佩服貝爾博士的遠見卓識。

海倫還記得那次和貝爾博士分別的時候，她特別依依不捨，似乎已預感到這將是最後一次見面了。海倫的預感竟不幸成真！

西元 1922 年 8 月 3 日，貝爾博士不幸去世了，他的遺體就葬在本市雷山頂上，這個地方還是他自己選定的，記得某次他指著山頂對海倫說：「海倫，我希望以後能在那裡長眠。」沒想到他的預言真的成了現實。

貝爾博士說這句話的時候，還隨口朗誦了一段布朗寧的詩句：

流星飛逝在雲際，
星雲交會處雷鳴電閃。

貝爾博士去世的消息是海倫從報紙上讀到的，當時，海倫清楚地意識到，她生命中最珍貴的友人已經離她而去了。

在戰亂中奔波忙碌

連接不斷的採訪和演講，讓海倫在 1913 年秋天忙個不停，幾乎整個秋天都是在旅途中度過的。

海倫的經歷越來越豐富，有許多單位和團體邀請海倫去演講，這使海倫深入到各個階層，對社會有了更全面的認識，使她的人生觀產生了巨大變化，意識到自己以前的想法流於膚淺。

比如，海倫常常認為，即使生理有缺陷，她也照樣能和正常人一樣享有幸福的生活，可見，只要自己努力去做，天下沒有做不到的事，那不是命運所能主宰的。

其實，海倫擁有的幸福生活主要得益於別人的幫助。對這一點，她在起初並沒有深刻的體會。

只要自己時刻為希望奮鬥不懈，就能打破逆境對一個人的禁錮，而那些飛黃騰達和一生通達的人，更有責任和義務去幫助那些需要幫助的人解決困難。

1914 年 1 月，海倫終於有機會橫穿美國大陸了，而且讓她欣喜不已的是，母親將陪同她前往。

海倫演講旅行的第一站是渥太華，接著到了俄亥俄州。中途因為計劃有變，海倫去了一趟倫敦，後來輾轉到了密西根州，隨後是明尼蘇達和愛荷華，接著一直向中西部行進。

旅行中，母親雖然興致高昂，但是還不時擔心海倫會太

勞累。海倫對加州情有獨鍾，到了那裡，海倫的欣喜之情溢
於言表，到了黃昏，徜徉於海濱的沙灘上，常常樂不思蜀。

　　海倫忍不住讚嘆這裡氣候適宜，而且一再表示自己喜歡
海邊的風光。

　　母親是個非常有詩意的人，日落時分。母親用詩一般的
語言向海倫描述籠罩在夕陽餘暉下的金門橋。母親還以崇敬
的口氣告訴海倫，美國衫是神祕的「植物之王」，讚嘆它的
王者之風足以使那些山川大澤折服。

　　1914 年 10 月，海倫開始第二次橫越美國大陸進行演講
旅行，祕書湯姆斯小姐一直陪伴著她。

　　湯姆斯的工作瑣碎而勞累，鉅細靡遺，都要她親自處
理，包括她的日程安排、演講接洽、事後交接，有時還要根
據變化調整計劃。

　　湯姆斯是個精明能幹的人，她做事從不拖泥帶水，而且
能將大大小小的事情安排得有條不紊。如果精力和時間允
許，她還照料海倫的生活起居，對海倫照顧得無微不至。海
倫時常想，要是沒有湯姆斯這個助手，真不知道她的生活情
況會怎樣。

　　第一次世界大戰的爆發，使海倫的旅行演講受到了很大
影響。首先她不可能再和以前一樣想到哪裡就到哪裡。另
外，當她站在演講臺上時，只要一想到正在進行中的那場愈

演愈烈的浩劫戰爭，她就再也無法像以前那樣輕鬆地說些仁慈的話了。

當時海倫收到了數千封來自歐洲的求援信件，但是，很遺憾的是，對此她也茫然不知所措，而且當時她也自身難保，為了生計四處演講。

在那段時期，海倫所屬的團體展開了熱烈的反戰運動，熱烈地呼籲停止戰爭，維護和平，想方設法阻止美國成為戰爭中的一分子。

但是以老羅斯福總統為首的團體和海倫恰恰相反，他們不遺餘力地積極主張美國參戰。海倫和蘇利文老師是堅決的反戰者，認為避免美國捲入戰爭是眾望所歸。

海倫從 1916 年開始，四處作反戰演講。足跡遍及得克薩斯州、密西根州、內布拉斯加州等地。但是，她的努力只是徒勞，最終美國還是捲入了戰爭的漩渦。在每個可能的地方，海倫和蘇利文老師都會毫無顧忌地前往宣傳和呼籲。海倫曾經在富麗堂皇的禮堂演講，也在臨時搭建的小帳篷裡陳詞。

她的演講在聽眾中引起了極大的反響，但不可思議的是，當時大多數媒體對她的觀點不理不睬，這個尚且能夠理解。

但是，有些報刊的態度卻令她費解，以前他們不惜扭曲和誇大事實，把她奉為「時代的奇蹟」和「盲人的上帝」，可

是，現在卻把她一直當作政治上的左翼和叛徒，大肆抨擊，而且被他們批判得一無是處。

當然，聽眾也有許多主戰派，和海倫的反戰思想分庭抗禮，最主要的是大眾傳媒也在散播參戰的必要和好處。不久，參戰思想便瀰漫了整個美國。

海倫大失所望，也不知道如何才能表達出自己的心情！1916年秋天，海倫身心疲憊，垂頭喪氣地回到了連杉，也許家能讓她平靜。可是海倫仍然覺得悲哀，湯姆斯小姐回蘇格蘭去了，梅西先生和蘇利文老師分居後就離開了這裡。

還好有女僕依恩在，她見海倫回來，興高采烈地收拾好房間，把屋裡屋外裝飾一新，然後讓海倫靜待滿園花開。可是，依恩哪裡明白海倫的心思，這個時候海倫怎麼會有賞花的心情呢？最後，海倫想到了母親。

母親接到電話就搭車來到了海倫的身邊，讓海倫這顆寂寞而疲憊的心有了些許安慰。此後不久，蘇利文老師由於疲憊和憂鬱，再加上身體虛弱，再次病倒了。

她一直在咳嗽，醫生建議她冬天最好離開這裡，布拉夕度湖畔更有利於她養病。眼見著原來熱熱鬧鬧的家不久將天各一方，海倫的心裡難受極了。

如果老師要走，那麼依恩也必須離開，因為海倫已經沒有能力僱用她了，但是海倫和她已經有了深厚的感情，怎麼

捨得讓她走呢？而且她一走，海倫在連杉的生活必然會陷入窘境。

海倫的所有煩惱都源於這件事，從早到晚，海倫都在考慮如何處理這些事情，沒有心思思考任何問題，工作因此耽擱下來。海倫忽然覺得人生無趣，這是她有生以來第一次產生這種消極的想法。

海倫常常恐懼地自問：「要是蘇利文老師現在也和我一樣如此悲觀，那我豈不是沒有任何希望了嗎？」

蘇利文老師是海倫的精神依託，她使海倫的生活變得妙趣橫生，豐富多彩，如果她和海倫分開了，海倫就覺得自己什麼都做不了。越是這樣想，海倫的心情就越不平靜。

海倫從未覺得自己是如此無助，也許正是這樣的一種心情，催化了海倫和一位青年的感情。

湯姆斯小姐離開後，祕書的職位由一位年輕人暫代。一天晚上，海倫一個人在書房裡思考問題時，這位青年進來了。他神態非常平靜，溫和地表示要關懷海倫。海倫對他的傾訴衷腸深感意外，但隨即為他的真誠所感動。

他對海倫表示，如果海倫願意嫁給他，他會陪伴著她讀書、寫作，幫助她蒐集資料，蘇利文老師為她所做的一切他都可以做到，而且對她不離不棄。

對方的這一份愛意激起了海倫心底的波瀾，她幸福得顫

抖起來，任憑她怎麼控制都不管用。她欣喜地想把這個幸福的消息告訴蘇利文老師和母親，可是，他卻阻止海倫說：「我認為現在告訴他們，時機還不成熟。」

停頓了一會，他又接著說：「現在，蘇利文老師病得那麼厲害，而你母親對我還不太了解，現在說出來，她們有可能覺得太突然，說不定還會反對。我覺得過一段時間再找機會告訴她們會更好一些。」

此後的一段時間裡，海倫和他共同度過了一段美好的時光。海倫在樹林裡悠閒地散步，或者在書房裡一起學習，他會唸書給海倫聽。

直至一天早晨，母親跌跌撞撞地闖進海倫的房間，問她：「看啊！報紙上竟然有這樣的消息！太不可思議了，海倫，你已經答應要和別人訂婚嗎？」

說話時，母親的手一直在顫抖。這突如其來的事情也讓海倫震驚不已，她沒有任何心理準備，只想替對方掩飾，則信口說道：「報紙竟會鬧些無中生有的事，我對這件事毫不知情。」

海倫不僅對母親撒了謊，而且對蘇利文老師的詢問也如此說。不久，母親就辭退了那位祕書。這段美好的愛情，就這樣匆匆結束了。

這一年是充斥著煩惱的一年，但終於也熬過去了。

　　布拉夕度湖的氣候寒冷，蘇利文老師在那裡病情不僅沒有好轉，相反卻有加重的趨勢，因此，到了5月底，湯姆斯小姐陪同她到波多黎各養病，直至第二年的4月分才回來。

　　就在這時候，美國參戰了，因此，蘇利文老師提前在4月就回到了海倫身邊。雖然她回來了，但是真正恢復健康還是第二年的秋天，在為期一年多的休養期內，海倫只是在做一些平常的事，沒有舉辦任何演講。

　　沒有工作，也就沒有收入，因此海倫的存款也在一天天減少，長此以往，也會坐吃山空。為了減少開支，海倫決定賣掉房子，另找一幢小一點的房子。

　　真正要搬出這所生活了多年的房子時，海倫覺得難以割捨，心中發酸！

　　帶著感傷，帶著無奈，海倫最終離開了居住13年的房子。這幢可愛的房子會承載更多的溫暖和幸福。海倫只有這樣想，聊以自慰。

勇敢嘗試新的領域

　　海倫離開連杉後，在國內做了一次短暫的旅行，最後決定住在紐約市的佛洛斯特丘陵區。在這風景優美的地方，海倫買了一棟別緻的小屋。它酷似傳說中的城堡，到處是凸出的稜角，海倫親切地叫它「沼澤之城」。

在經歷了長期的奔波和漂泊後，海倫希望能夠過上平靜而舒適的生活。她學習在院子裡親手栽樹木。屋子的二樓隔出一間專屬於她的小書房，四處都有窗戶。她每天就在這裡學習義大利文，希望有一天能夠閱讀但丁作品的原文。

海倫正在忙碌著安頓新居時，卻接到了一封十分意外的信。信是法蘭西斯·米拉博士所寫，他表示有意將海倫的《少女時代》個人的這段經歷拍成電影，並且希望海倫能夠支持他，加入他的劇組，參加拍攝。

海倫接到信後滿心歡喜，因為她認為把自己個人的這段經歷拍成電影，一定可以鼓舞那些不幸的人，這不正是自己創作的初衷嗎？

也許還會在這個充滿戾氣的社會引起發人深省的思潮，她決定抓住這個絕好的機會。她不顧舟車勞頓，千里迢迢地趕赴好萊塢拍電影。

一般來說，女主角要麼身體健美，要麼容貌傾城，而海倫呢？肥胖又長得又不好看，根本無法跟一般女明星相提並論。而且她缺乏能賺觀眾眼淚，或者逗觀眾發笑的演技，靠什麼去出演女主角呢？但是，她在好萊塢的那段日子倒過得多彩多姿，說心裡話，她從沒有對拍攝電影的經歷感到後悔。

在好萊塢，海倫經歷了一段前所未有的生活，那種刺激的生活，時時都帶給她驚喜。

　　可以說，踏出大門，什麼事都可能遇上。當她悠閒地在開滿天竺葵的小徑上散步的時候，突然有一個騎士從斜地裡衝出；走在馬路上，會遇到賣水的車子猛然四腳朝天；坐落在半山腰的小木屋，不知在什麼時候就會燃起熊熊烈火。

　　有一次海倫驅車去沙漠，烈日炙烤著她以及周圍的一切，陽光下的沙漠上稀稀落落地長著仙人掌和灌木叢。當她來到一個小村落的拐角處，有人像發現了新大陸一樣忽然驚呼起來：「看！印第安人，真正的印第安人。」

　　大家聞聲都興奮地跳下車來，想看個究竟。果真有一個印第安人獨自站在那裡。

　　這時，站在海倫身邊的嚮導走到那個印第安人面前，請求那位印第安人讓海倫摸摸他頭上的羽毛飾物，因為他頭上戴著色澤美麗的老鷹羽毛，非常神氣。

　　海倫走上前去，雖然心中忐忑，但還是以手語向他示意。可是出乎海倫意料之外的是，這位印第安人以流利的英語開口道：「這位女士可以隨心所欲地摸，多少次都可以。」

　　在場的人無不覺得奇怪，後來才搞清楚，原來這是一位正在等待攝影師到來的演員，哪裡是什麼真正的印第安人呢？

　　天還沒亮，湯姆斯小姐就陪同海倫到草原上騎馬。在露珠晶瑩的草原上，海倫可以聞到麝香草以及尤加利樹的芳香，清晨的風輕柔地吹拂著她的面頰，令人心曠神怡！

　　就這樣，她在比佛利山的小路上留下了許多美麗清晨的愉快回憶。

　　《救濟》一片開拍了，劇本是《少女時代》改編後的稿子，導演是聞名的喬治‧郝斯特‧普拉特先生。片頭拍攝的過程是這樣的：湯姆斯小姐看過劇本之後，與導演溝通，並聽取導演的指示，然後把這些寫在海倫手上等海倫完全了解後，再透過敲桌子的方式與導演溝通。當海倫感受到他敲擊桌子的震動後，就開始拍攝。

　　有時，導演也會將一些鼓勵的話寫在海倫的手上，例如：「不要害怕，在籠子裡的不是獅子，只不過是一隻小金絲雀而已。知道了嗎？好，再來一次。」可是海倫接受的鼓勵和關照越多，就越覺得緊張。

　　能夠在攝影機前毫不拘謹地表演的確不簡單，不論是站著或坐著，總是有強烈的燈光聚集在身上，老是覺得全身熱烘烘的，汗水直往下流，這時就得時不時地補妝。

　　否則銀幕上見到的形象不是鼻尖太亮，就會是額頭反光，影響整個畫面的效果。

　　每當站在攝影機前，海倫就覺得侷促不安，偏偏導演一會要求她笑，一會又要她皺眉沉思，她的情緒怎麼可能變得如此快呢？她在突然收到導演的指令後站在那裡發呆，表情茫然。

　　起初，演員們都沒有很好地領會角色的感情。因此，有許多不盡理想的地方。

　　幸好那位扮演海倫少女時代的女性十分稱職，她本人是個正常的女孩，沒有任何缺陷，可是她卻能將這個角色演繹得生動逼真，唯妙唯肖。為此，海倫對她產生了好感。

　　而她也在扮演海倫的過程中更加深入地了解了海倫，因此她對海倫也很敬佩。大學時代的海倫由另一位女明星扮演，她很漂亮，笑起來就更加迷人。

　　這位女明星一開始是以閉著眼睛表示眼睛看不見，可她往往是一不留神就霍地張開眼睛，她這時的表情也許太滑稽了，使得拍攝人員忍不住大笑起來。

　　不過這位女演員對這個角色付出了很大的熱情和努力。而她的演技也不差，尤其在演夢見希臘諸神的那場戲時，表現得最為傳神。因此，海倫對她非常滿意。

　　海倫在劇本中還提及了許多幫助過自己的朋友，但要搬上銀幕就會出現許多問題。

　　那些曾經給海倫很大幫助的好心朋友如亨利‧莊夢德先生、馬克‧吐溫先生以及布魯克斯大主教等人都已去世，仍然活著的幾位也都年老體衰，無論怎麼裝扮都與初遇海倫時存在很大的差距。

　　當時，貝爾博士還健在，海倫寫信給他，他很快就回信

表示：「看到了你的信，讓我回想起在華盛頓的那位小姐，在我眼中，你一直是當年的那位小女孩兒。只要你樂意，任何事情我都可以去做，只是目前我身處異國，一時之間還無法返美。」

「可是，你絕不能忘了我！想起當年與你初遇時，我還滿頭黑髮的，現在已經是 71 歲的老人了。你呢？當時只有 7 歲，如果真要拍寫實電影的話，我想非得由別人來飾演不可。請你去找個沒有白髮的英俊青年來扮演。若是電影結尾需要，我願意以目前的姿態出演，欣賞了前面，再看看後面，如此鮮明的對比一定會更有趣吧！」

貝爾博士的信啟發了海倫，讓她有了一個很好的創意：「對了！何不以象徵性的場景介紹我的朋友出場呢？這也許效果更好。例如：場景可以安排在一條寬闊的馬路上，兩邊是茂密的洋槐，我在林蔭道上散步，然後偶爾遇見貝爾博士與莊夢德先生，大家邊聊邊走，既有湖光山色之美，演員也演得輕鬆自然。」

海倫越想越覺得這個創意對於一個又盲又聾的人十分貼切。

不過，電影公司似乎沒有考慮海倫的建議，而是安排了一個大聚會的場面，讓所有曾經協助過海倫的人都一起出席在宴會上，其中包括那些已逝的好友。

　　出現在宴會上的還有海倫最懷念的父親，他已經去世 20 年了。當然，如布魯克斯主教、霍姆斯博士、亨利·莊夢德博士等都各有「替身」。

　　海倫最高興的是，她和離別了 20 年的約瑟夫先生又重逢了。約瑟夫仍然那樣快樂，似乎比海倫初識時更加活躍。與這些至愛親朋相聚在一起令海倫幸福得忘乎所以了，甚至感覺自己身處天國之中。

　　不過，當海倫與他們握手時，他們的手雖然都很溫暖，但他們講話的語氣與神態，卻與海倫熟知的那些朋友不同，當他們與海倫開口說話時，她就會從那種眩暈的幸福中被猛然驚醒，重回現實。

　　宴會將結束時，海倫有一段臺詞：「目前全國約有八萬名的盲人正處在可憐的景況中，他們孤苦無援，而我們的社會到現在為止還沒有建立足夠完善的福利制度……這世界上有多少人在從不知生存喜悅的情況下含恨而終！因此，我們應該為這些人謀求更好的生活，他們的幸福和快樂會讓整個世界變得更加美好！」

　　海倫想，在自己的一生中，沒有浪漫的愛情，當然也沒有偉大的戀人，自己的一生太平淡了！這是一個不爭的事實，但自己可以編一個浪漫的愛情故事加進來，這樣效果會更好一些。因為電影如果沒有這些插曲，似乎就注定不受歡迎。

　　對於這種觀點，導演一直持反對態度，他認為那是無中生有，多此一舉，反而會弄巧成拙。幾經考慮、斟酌，最後決定穿插幾場比較戲劇性的場面。

　　還有一個場景，蘇利文老師試過各種方法教海倫，而年幼的海倫仍然聽不懂時，她不禁跌入了灰心失望的深淵中。

　　此時傳來了上帝的聲音：「我會協助你拯救這個幼小的心靈，不要放棄她。」於是蘇利文老師又恢復了信心，耐心地教導海倫。

　　他們要海倫像聖女貞德一樣，騎著白馬，扮成和平使者，走在遊行隊伍的最前面。誰知片場找來的這匹白馬十分活潑，奔跑時勁頭十足，一直向前衝。

　　海倫就這樣戰戰兢兢地騎了一段路後，在沒有任何前兆、沒有任何命令的情況下，胯下的這匹馬忽做人立狀，一時間把她嚇壞了。幸好旁邊有位攝影師眼明手快，迅速衝過來勒住了馬。這匹調皮的馬再度穩定下來，但海倫仍然心有餘悸，若不是那個人及時控制那匹馬，她真不知道自己會被摔成什麼樣子。

替老師儲備養老金

由於海倫所參演的這部電影票房收入不高，因此她離開了好萊塢，告別了刺激的演員生活，又回到了佛洛斯特的「沼澤之城」，在那裡度過了兩年水波不驚的時光。

在這一段時間裡，海倫常常考慮以後的事情，節省開支，尋找賺錢的途徑。因為朋友們資助的款項只能保證她一個人的生活開支，假如她在蘇利文老師之前死了，等老師老的時候，又該怎麼辦呢？想到這一點，海倫必須想方設法替蘇利文老師儲備一筆養老金，以保證她有一個衣食無憂的晚年生活。

基於這種考慮，海倫決定從 1920 年起進入波多大廈的雜耍劇院參加客串演出。直至 1924 年，海倫為期 4 年的客串演出才結束。

海倫並不像專業演員那樣連續不斷地參加演出，起初，她只是隨劇團到紐約、新英格蘭和加拿大等地作巡迴演出。

而 1921 年至 1922 年這兩年期間，她主要在美國國內巡迴演出。海倫在雜耍劇院參加演出的消息傳開後，許多人議論紛紛，一時間飛短流長：「真是沒有想到，海倫如此看重名利，簡直不管不顧。」

有許多熱心人還寫信忠告海倫，勸她不要投身演藝圈，雖說這一行有名利可圖，但並不適合她。其實，海倫哪裡是

為名利所引誘呢？她只是為蘇利文老師擔憂而作出了這個決定，並且去實現而已。至於蘇利文老師，也是經海倫多次勸說才決定這麼做的。

在海倫看來，目前劇院的工作與寫作和演講比起來要輕鬆得多，而且收入頗豐。她巡迴演出基本上不用在不同的地方來回奔波，而且停留在一個地方的時間也不短，至少有一個禮拜，不像她巡迴演講那樣，飽受奔波之苦。

她現在不用全天都工作，演出是只下午、晚上各一場，每場僅 20 分鐘，合計起來也只有 40 分鐘左右。

另外，劇院為了保證海倫的私人自由和正常生活，制定了規範而嚴格的管理制度，生活非常有規律，很少受到觀眾的打擾。不像以前演講時，聽眾會爭相前來握手，現在幾乎沒有這種情形發生。

從事這項工作後，海倫從內心裡感到了愉快，而從未感到疲憊不堪。但是，蘇利文老師似乎不太適應這種生活，有些放不開，而且從一開始她就覺得渾身不自然。

這也難怪，因為剛開始的時候，海倫的名字與那些特技人員如馴獸師，乃至那些表演的動物如猴子、大象和鸚鵡等列在一起，這使蘇利文老師不能坦然接受。

但海倫一開始就能泰然處之，從來不認為這是一項卑賤而庸俗的工作，也沒有覺得丟臉，正因為這樣，海倫從工作

中找到了真正的快樂。

海倫與劇院的人相處得很融洽，以前她在許多不同的場合也結識過許多人，但從來沒有產生現在這樣強烈的興趣。

他們豪爽開朗、熱誠而講義氣，這類舉動她尤其欣賞。總的來說，自從來到雜耍劇院，她一直生活在快樂之中。這裡的觀眾非常可愛、友好而熱情，每次她開口說話時，他們都會很驚訝，並發出由衷的讚嘆。

蘇利文老師會告訴他們教育海倫的過程和方法，接下來海倫會作一番自我介紹，最後由海倫來回答觀眾們提出的問題。

他們的疑惑一般有以下幾點：妳什麼也看不見，怎麼分辨白晝和黑夜呢？妳打算結婚嗎？妳怎樣安排未來的生活？妳的眼睛應該沒有看到什麼奇怪的東西吧，妳認為世界存在鬼魂嗎？妳會在夢裡看見什麼東西嗎？類似的問題不一而足，五花八門！

海倫很在意觀眾們看她演出後的反饋意見，讓她覺得欣慰和滿意的是，觀眾非常坦誠和熱情。

只要她的回答有道理，他們就會心地表示同意；當她的演出幽默、滑稽，讓他們開心時，他們就會拍手大笑，表露出自己的快樂，從不掩飾。她也樂意真誠地回答他們的各種問題，讓他們盡量滿意，那樣她也會更加快樂。

提到觀眾們的反饋，海倫想起了另一個截然不同的演講經歷。那一次，演講的會場安排在教會，來這裡的聽眾有著不同的身分，懷著不同的心情，但有一點是相同的，他們表現得嚴肅而莊重，這樣的情況讓海倫有些手足無措。

儘管她什麼也看不見，什麼也聽不到，但她感覺到他們對她的演講沒有絲毫反應。她一個人高高地站在演講臺上，突然產生了一種自言自語、索然無味的錯覺。

慈母不幸去世

在海倫的一生中，經歷的最悲哀的一刻就是突聞母親去世的消息。當時她正在洛杉磯的某處演出。父親去世時海倫才 14 歲，那時，她還不太了解死別的悲痛，因此不像母親去世時這樣悲痛欲絕。當然，也許是因為她與母親相處的時日較久，深厚的感情一時難以割捨。

在海倫的印象裡，有關母親的記憶是在蘇利文老師到來之後才逐漸形成的。只知道她的母親後來常說：「當妳生下來時，我覺得既驕傲又快樂。」

海倫相信母親的話一定是她的心裡話，因為在海倫遭遇不幸之前 19 個月裡的許多事情，她都記憶猶新，常常如數家珍般地說給海倫聽：「妳學會走路以後，最喜歡到院子裡去追逐蝴蝶，而且從不懼雞、狗這些動物，還常用肥胖的小手去

抱它們，比男孩子的膽子還大。那時，妳的眼睛比誰都大，連一般人不易看到的針、小鈕扣等都可以很快找出來，因此在我做針線活的時候，妳就成了最得力的好幫手。」

這些事海倫的母親百說不厭，還說某次家中正在編一個有3隻腳的竹籠子，籠子四周留了許多小洞，海倫不停地在她母親的膝上糾纏，那時的她口齒還不清楚，只是用不流利的兒語問道：「多久才能做完？」

海倫的母親又說，火爐中迸發的火花是她最感興趣的，時常不肯上床睡覺，望著燃燒的木材上的火舌發呆。如果看到煙囱上竄出火苗，就更感到興奮不已。

「唉，那時候我們倆人是多麼快樂呀？」海倫的母親在回憶之後，總會滿足地感嘆一番，用這個結論結束她的回憶。

在海倫母親23歲那年，海倫就不幸患病，成了盲聾兒。年輕的她從此生活在悲痛的辛苦歲月中，因為天生內向、謹慎，不太開朗的個性使她缺乏朋友。再加上海倫的不幸，她就更加鬱鬱寡歡了。

長大之後，海倫盡量學習獨立，希望不使她母親操心。她和海倫一塊旅行或看到海倫在連杉快樂生活的時候，一定會感到欣慰，可是更多時候，她必然為海倫這個身障女兒而暗自飲泣吧！最後幾年，他們的生活比較拮据，海倫也能隱隱感覺到她母親變得越來越沉默了。

海倫的母親曾經告訴過海倫，有時她早上醒來，腦海中就會閃現這樣的問題：海倫以後怎麼辦呢？晚上臨睡前，也經常為此擔心。她母親的手患有關節炎，寫起信來很吃力，可是為了海倫，她還是認真學習盲文，用盲文寫信詢問海倫的生活狀況，寄託對海倫的思念之情。

在海倫之後，她的母親又生下了聰明可愛的妹妹，5年後又生下弟弟菲利浦，他們兩人的出生多少為海倫的母親帶來了一些安慰。

父親去世後，養育弟妹的重擔就落在了海倫母親的肩上，日子過得很艱難。好不容易妹妹長大了，嫁給阿拉巴馬州的昆西先生，這時，她的母親才如釋重負，後來她因為擔心海倫他們的生活，所以常到海倫妹妹家和海倫這裡小住，看望她摯愛的女兒。

海倫的母親年輕時對做針線活和家務事沒有興趣，出嫁以後，卻不得不挑起家庭中一半的重擔。不但要監督工人做工，還要操持各種家務事，種菜、餵家畜，製作各種食物，如火腿、燻肉等，孩子的衣服也得自己動手剪裁，此外，還得應付父親每天帶回家的一些客人。總之，家庭中一切繁雜的家務都由她母親一個人做。

海倫母親的廚藝遠近聞名，吃過她做的火腿和涼拌黃瓜的人都讚不絕口，附近的人總是向她母親要一些帶回去。當時海倫年紀小，一點都不懂得她母親的忙碌與辛勞，總是拉

著她母親裙襬，面前跟後，她母親從不嫌累贅，有條不紊地忙著她要做的事。

海倫的母親是個敏感而脆弱的女人，她一個人，怎麼能夠承受那麼多的瑣碎而繁重的家務呢？蘇利文老師就常常對此表示不可思議而誇讚海倫的母親。海倫也不得不為她母親任勞任怨的精神所折服，她從未聽母親發過牢騷，她總是默默地工作，承受著她能承受的一切。

海倫的母親喜歡花草，是個稱職的好園丁，她知道如何插苗播種，也知道如何照顧那些花草樹木。雖然澆水除草等工作很累人，可是她樂此不疲。她是個情感豐富、優雅細緻的人，從她對花草的迷戀上也可以窺見一斑。

記得有一年的早春，她移植了一株薔薇，不料幾天後遇上寒流來襲，新栽的薔薇禁不住霜寒死了，她母親在給海倫的信上十分悲痛地表示：「我就像失去了孩子的大衛王一樣，難以抑止心中的悲傷，忍不住痛哭起來。」

海倫的母親還喜歡小鳥，她每次到連杉來時，總愛到附近的森林裡去散步，隨身還攜帶些食物去餵鳥。當她看到母鳥在教小鳥飛翔的情景時尤其感興趣。有時一連幾個小時駐足觀看。

海倫的母親興趣廣泛，經常讀書閱報，對時事政治更是興趣有加。她憎恨偽善和愚庸的人，更鄙夷那些隱匿著政治野心的政客和議員，還常常忍不住語帶諷刺地批判一番。

永不服輸

　　那些卓有遠見的、頭腦敏銳機智的評論家則是海倫母親最欣賞的。湯瑪斯·卡萊夫人就是其中之一，她曾和卡萊夫人通過信。在作家中，海倫的母親偏愛惠特曼、巴爾札克等，她對他們的作品爛熟於心，幾乎可以背誦下來。

　　有一年盛夏，海倫的母親和海倫在帕蒙特湖畔度假，那裡有她們深愛的碧綠的湖水、林木及清幽的羊腸小徑。一天黃昏，她們坐在湖畔的石椅上，她母親看到一群年輕人在湖面上泛舟嬉戲，突然間，心有所感，情緒陷入了莫名的低落中，只是海倫當時無法徹底體會她母親的心境。

　　對於世界大戰，海倫的母親從不發表任何意見。只有一次，她母親在外出途中見到一大群青年在野外帳篷露營，禁不住感慨地說：「哎，真可憐！這些活潑可愛的年輕人眼看就要被送到戰場上去。怎樣才能阻止他們奔赴戰場呢？」

　　海倫的母親說這些話的時候，竟然傷心得流淚了。再就是聽到俄國提出和平條件時，她母親說：「有勇氣說出『戰爭是人類的罪惡』這句話的國家真是太偉大了，我真想跨越海洋去擁抱它。」

　　平素裡，海倫的母親常說，不希望別人為她的晚年操心勞神，寧可靜靜地離開這個世界。她母親去世時正住在妹妹那兒，她安詳平靜地告別人世，沒有任何前兆，沒有任何人在她的身邊，是後來才被發現的。

　　海倫在臨上臺表演之前兩小時聽到她母親去世的噩耗，在此之前，海倫不曾得到任何母親生病的消息，因此她毫無心理準備，就像當頭挨了一棒。

　　「啊，在這種情況下，我還能上臺演出嗎？」海倫立刻聯想到自己也要死了。她身上的每一塊肌肉幾乎都想痛哭出聲。可是，海倫竟然表現得很堅強，當她在臺上表演時，沒有人看得出她剛剛得到母親去世的消息，這點令蘇利文老師和海倫都感到意外，同時也很欣慰。

　　海倫現在依稀記得那天表演的情況，有位觀眾問她：「你今年多大歲數了？」

　　「我多大了？我到底多大了？」海倫在心裡重複地問自己，一遍又一遍。在海倫的感覺上，她已經很大了。但她沒有正面答覆這個問題，只是反問道：「在您眼中，我有多大了？」

　　觀眾席上爆出一陣笑聲。

　　接著又有人問：「你覺得你現在生活得幸福嗎？」

　　這個問題讓海倫的眼淚幾乎奪眶而出，可她還是堅強地將淚水忍住了，盡量平靜地回答：「是的！我很幸福，因為我相信上帝在保佑我。」

　　對於那一天的情形，海倫只記得這些。

　　演出結束後，海倫內心中壓抑著的悲傷全部爆發出來

了，傷痛充斥著海倫的思想讓她無法動作。雖然，海倫知道在「永恆的國度」裡，總有一天可以見到她的母親，可是眼前這個沒有母親的世界是如此寂寞。

不論何時何地，海倫都會想起她那慈愛的母親，她在內心裡低呼：「啊，讓我再收到一封母親親筆寫給我的盲文家書吧！哪怕只有一個字我也滿足了！」

直至第二年 4 月，海倫到亞拉巴馬的妹妹家裡時，她才不得不接受母親去世的事實。

為募捐踏遍美國

1921 年，賓夕法尼亞州的盲人協會會長在美國盲人企業家協會舉辦的年度總結會上，提出了成立一個全國性的盲人機構的建議，這項決議很快就正式通過了。

紐約的麥格爾先生是該協會的首任會長。起初，麥格爾先生的經營策略是尋求朋友的資助，從 1924 年開始，政策有所調整，他決定設立基金，號召大眾積極募捐，同時邀請海倫和蘇利文老師參加。

對於那種為了籌募經費而奔波勞頓的生活，海倫實在有些害怕了。從他們的計劃可以看出，他們確實是煞費苦心，但是真正說來，海倫不太情願。然而她心裡非常清楚，在當時，慈善機構和教育團體只有憑藉公眾的慷慨捐助才能正常運轉。

　　為了盲人的福利，儘管有些勉強，海倫還是硬著頭皮應承了下來，竭盡所能去做。從此，海倫又和以前一樣，開始進出於形形色色的高樓大廈坐著電梯去各個地方演講了。

　　這筆基金的建立給盲人們帶來許多好處，盲人們將借助這筆錢學習和掌握一門技術，這樣就能自食其力，獨立生存了，而且基金會還將為他們提供一展才華的場所。

　　還有一部分盲人天生聰穎，在某些方面有突出的才能，但是往往因為沒有好的環境被埋沒了，這筆基金將為他們提供所需，讓他們的才能得以發揮出來。

　　如為那些有音樂天賦的盲人購買鋼琴和小提琴等樂器，畢竟這些對那些家境貧寒的盲人來說是一筆可觀的開支。從那以後的 3 年時間裡，海倫的足跡遍至全美的每個角落。

　　她訪問過的城市有 123 個，參加的集會有 249 場，對 20 萬聽眾發表過演講。

　　此外，海倫動員了形形色色的組織和社團，其中有報社、教會、院校、猶太教會堂、婦女協會、青少年團體、服務社團和獅子會等，他們經常集會進行募捐，來支持海倫的工作，每次都獲得了慷慨捐贈。

　　獅子會尤其熱情大方，他們不遺餘力地支持身障者的福利事業，對盲人也付出愛心和同情。在那段時期，募捐工作幾乎成了會員們的主要工作了。

俗話常說：「年過 40，所有的事業大半都已經歷過了，再不會有什麼值得喜悅的事了。」

但是，命運總垂青於海倫。40 歲生日過後不久，她又接連經歷了幾件欣喜若狂的事情。

第一件事就是美國盲人事業家協會的創立；第二件事是，海倫的募捐運動在社會上產生了很大的反響，取得了很好的效果；第三件事是，美國盲人事業家協會成立後，將原來百家爭鳴的盲文統一了。

另外，國立盲人圖書館終於落成了，政府撥出了一大筆經費，大力支持盲文出版事業。緊接著，各州的紅十字會也成立了附屬盲文機構，專門負責翻譯盲文書籍。

還有一件激動人心的事情是，在第一次世界大戰中不幸失明的士兵們聯合起來，為盲人爭取福利和保障，在社會上掀起了一股浪潮。這是海倫多年來的夙願，現在終於得以一一實現了，她能不感到快慰嗎？

1926 年的冬天，海倫趕赴華盛頓，繼續她的募捐活動。這時，國會正好通過了撥款籌建國立盲人圖書館和促進盲人書籍出版事業的提案。聽到這個喜訊，海倫喜出望外，頓覺未來一片光明。

一天下午，海倫和蘇利文老師前往白宮拜會柯立芝總統，他十分熱情地接待了海倫。海倫向他匯報了盲人協會的有關情況和現狀，總統一直耐心地傾聽海倫的報告。

最後他興高采烈地拉起海倫的手放在他的嘴唇上，告訴她：

你們的工作是偉大而崇高的，我向你們致敬，只要我能力所及，我一定全力協助你們的工作。

總統言出必行，後來還被推選為盲人協會的名譽總裁。他為海倫的基金會作了很大的貢獻，還為基金會捐了很多錢。柯立芝夫人對海倫的工作表現出了極大的興趣，最後竟然參加到海倫的行列中來，有許多福利都是她為聾啞人爭取的。

讓海倫分外感動的是貝爾博士的女兒，也就是艾露滋夫人，也為海倫向大眾呼籲，熱誠地幫助海倫做宣傳。

在底特律擔任殘障者保護聯盟會的會長卡米爾先生是海倫的老朋友，知道海倫的來意後，他把這件事一直當作自己的義務，熱烈呼籲本地民眾，還幫助她籌劃了一次演講和一次募捐。

在這次旅行途中，海倫還走訪了聖羅拉的農業試驗場。在那裡，海倫拜訪了農藝家魯沙‧巴本克先生，他是那兒的負責人，以前有許多品種的水果、花草和樹木都不適應這裡的生長環境，可是他接管後，就出現了奇蹟，那些無法生長的植物竟然都栽植成功了，而且長勢旺盛。

巴本克先生不但是個出色的農藝師，而且為人慷慨，還給海倫捐贈了一筆錢。他熱情地引領海倫參觀他的試驗場，

示意她撫摸他精心培植的仙人掌。

海倫擔心有刺，他告訴她，這種仙人掌與一般家庭栽植的仙人掌不同，它是經過改良後的新品種，沒有刺。她感覺到了那平滑的表面，有一種水靈的豐滿，她甚至聯想到，它是一種可口的蔬菜。

最近兩年，海倫基本停止了募捐工作，只待在家裡寫書，可是她前期的工作和既定目標還差一大截，還有 150 萬美元的空缺，所以她在整理完手頭的稿件後，還得再次旅行，籌募基金。

湯姆斯小姐每次拆信時，迫不及待滑落的經常是那些支票，有一天清晨，郵差送來了一封來自底特律的信，她的捐款金額是一美元，沒有留下她的真實姓名，只以「一位貧苦的女工」署名。

孩子們也積極響應海倫的號召，這使海倫心中激盪著感動的熱流。

友誼支撐著海倫

生活在海倫周圍的許多人曾經不止一次地對海倫說：「妳所能接觸到的世界太狹小了，真可憐！」

可是只有她自己心裡明白，這些人不太了解她的生活情形，他們當然不知道她有多少朋友，看過多少書，旅行過多

少地方。因此，每次聽到別人這樣憐惜自己的時候，她總忍不住暗自發笑。

雖然海倫不能讀普通文字編寫的報紙，但是透過別人給她讀報，她同樣可以獲得知識和訊息。

例如每天的早報，總是由老師或湯姆斯小姐先念標題，然後她挑那些感興趣的部分請別人來細讀。

她還用這種方式閱讀其他雜誌。平均每月她大概要讀七八本雜誌。此外，她還經常閱讀盲文雜誌，因為普通雜誌上的好文章也多半在那上面轉載。

海倫經常接到那些懂盲文的人寫給自己的信函，另一些人則請會盲文的人代寫，因此她常常可以享受到從指尖傳來的友情。對海倫而言，她確實喜歡讀盲文，因為她可以自己直接去感受而且會留下深刻的印象。

海倫有一位好友，名叫愛特那·波達，他要去環遊世界時設想得很周到，隨身攜帶著盲文字板，每到一處就寫信把他的所見所聞告訴海倫。

因此，海倫就像陪伴在他的身邊，同他一起環遊世界，共同聆聽大西洋上冰山迸裂的聲響，一同搭機飛越英吉利海峽，一起在巴黎如夢如幻的大道上漫步，還在皓月當空的夜晚來到水城威尼斯，靜聽船伕唱著義大利情歌。

那種氣氛是多麼羅曼蒂克啊！在看了維蘇威火山與幾千

年前的羅馬競技場後，海倫的雙足又跟隨她踏上了古老而神祕的東方聖土。

海倫隨著波達的描述到了印度、中國，看到許多新奇有趣的事物。來到島國日本，櫻花已經開始飄落，繽紛的落英交織成一片奇異的世界，清幽肅穆的寺院鐘聲更引發了海倫許多遐想。

波達還驚奇地感嘆道：「你看！你看！日本的婦女都背著小孩在街上走，這裡的男士竟然都足登 4 吋高的木屐，走在馬路上喀噠喀噠響個不停。」

雖然海倫的身體行動不方便，但是有了波達這樣的好朋友，同樣可以彌補這些缺陷。

在許多關切海倫的朋友中，威廉·蘇夫人最為熱心，只要海倫需要，她會全力以赴幫助海倫。

蘇夫人經常參加公益事業，只要是與海倫有關的團體，她捐的錢總是特別多。

當海倫的想法迥然相異時，她對海倫說：「雖然我不同意你的觀點，但是這並不會影響我們的友情，我們要珍惜它。」她就是這樣一如既往地關心海倫，愛護海倫。

海倫大學時代的同窗好友佛蘭克·克勃特，在 25 年前創立了克勃特出版社，曾出版了海倫的傳記作品《我的生活》一書。現在，海倫打算出續集，佛蘭克依然如往昔一樣真誠，給海倫許多建議和支持。

　　其實早在 10 年前，佛蘭克一再鼓勵海倫寫這本書的續集，而海倫在進行本書的寫作時，還常常產生一種幻覺，似乎佛蘭克就在身邊鼓勵自己。

　　1912 年冬，梅多林克夫人來連杉看望海倫，她是《青鳥》一書的作者。她的態度和善，個性活潑，她們兩人一見如故，非常投緣。梅多林克夫人回到法國後還寄卡片給海倫，還在上面親筆寫了一句祝語：「為發現青鳥的少女祈求幸福。」

　　還有許多大人物來過連杉，其中之一就是諾貝爾文學獎得主 —— 印度詩人泰戈爾先生。

　　這位詩人長得非常高大，蓬鬆的頭髮呈灰色，與臉上的絡腮鬍子連在一起，這使海倫不由得想起了《聖經》中描述的智者和先知。

　　海倫很喜歡泰戈爾詩集，讀了不少他的作品，可以深深地感覺出他對人類的那份愛心。能夠與這個偉大的詩人結識，是海倫一生中莫大的榮幸。

　　當海倫向他表示自己的崇敬和仰慕之情時，泰戈爾說：「我很高興你能在我作品中看到我對人類的愛，你知道嗎？這個世界正在等待的，就是現出一位愛世界甚於關愛自己的愛神。」

　　談到當今世界的現狀，泰戈爾先生憂心忡忡，他以哀傷的口吻提到印度、中國以及世界一些強國的局勢：「中國人被

歐洲各國逼迫著吸食鴉片。如果他們拒絕的話，國土就有被瓜分的危險。到了這種危急的時刻，亞洲人還沒有覺醒！他們怎麼不重整軍隊，保衛國家呢？英國就像一隻禿鷹，已經把戰火帶到太平洋沿岸，在那兒建立許多軍事基地。亞洲各國中，日本已經能夠自己站立了，可是，中國還沉醉在自己的美夢裡，也許要等到國門被打開，強盜一哄而入時才會幡然醒悟。請記住，一個大愛自己的人，往往就是滅亡自己的人，唯一能解救世人的愛也許只有神能給予。」

　　海倫忽然覺得他描述的愛神似乎與甘地有些像，因為甘地先生正是一個不僅在嘴上談愛，而且以行動來實踐的人。

　　海倫還得到了一些藝術家的厚愛，像艾連塔利和約瑟‧杰弗遜等優秀演員，還特地為她表演了他們的拿手好戲，他們讓海倫用手指去感受他們的面部表情和言行舉止。海倫興奮得屏息以待，唯恐遺漏任何細節。

　　歌唱家卡羅素、夏列亞賓等允許海倫把手放在他們的唇上，讓她「聽」到了美妙的旋律和歡快的歌詞。

　　海倫曾經用手去欣賞戈德斯基演奏的美妙的鋼琴曲，輕觸海飛茲的小提琴，去領會那美妙琴音。當戈德斯基奏出蕭邦的小夜曲時，海倫深深沉醉了。

　　她常常打開收音機，把手放在共鳴板上，收聽音樂節目。在樂器中，海倫覺得豎琴、鋼琴、小提琴的聲音都非常美妙。不過，對於目前正開始流行的爵士樂卻不敢恭維，因

為她恐懼那種爆炸性的動感十足的聲音，似乎遭遇了一種強勁的浪潮。

每當指尖傳給她這種訊息時，免不了有一種想轉身逃跑的衝動，似乎人類在原始時代替藏在體內的那種對大自然的恐懼感再度被激發出來了。

在實業領域，「電器發明之王」湯姆斯・愛迪生先生給海倫留下了深刻的印象。在海倫前往紐澤西州演講時，愛迪生先生曾好意邀請海倫去他家。

他給人的第一印象相當嚴肅。據他的夫人告訴海倫，愛迪生先生工作起來廢寢忘食，常常在實驗室通宵工作，當他實驗進行到一半時，最討厭人家去打擾，就連吃飯時也不會停止工作。

坐在餐桌旁用餐的時候，愛迪生先生說：「你聽不見任何聲音也有好處，至少比較容易集中心思，不受外界的干擾，就這樣活在自己的世界裡不是也很好嗎？」

聽了愛迪生先生的話，海倫也闡述了自己的觀點：「如果我是一位像你這樣了不起的發明家，我希望能夠發明一種能使聾人復聰的機器。」

海倫的想法似乎出乎愛迪生的意料，他詫異地說：「哦，你這麼想？但是人們說的話多半很無聊，而且無足輕重，我看可聽可不聽。」

汽車大王福特先生，是海倫在內布達斯加演講後才見到

的。海倫在福特先生的帶領下參觀了他的汽車廠,他還以謙和的態度向她講述他成功的經歷:「開始時,我的動機是要生產一種連農夫都可以買得起的汽車,幾經研究試驗,我對汽車的了解越來越深,漸漸成了內行。其實,有好構想的人何其多,只是大多數人不知道如何去活用,因此那些奇思妙想便埋沒了。」

與福特先生相識 10 年後,福特先生在一次盲人大會中捐了一大筆錢,他說他的工廠裡僱用了 70 多位盲人,他並不是因為憐憫才雇他們的,而是因為他們在工作上表現得相當優異。海倫聽到這個消息時,那種高興的心情無法用語言來表達。

當海倫心緒煩躁的時候,她知道自己該去紐約散散心了。到紐約去一趟回來後,海倫的活力又恢復了,因為海倫感覺到自己又融入了正常人的生活。

引領殘障者的明燈

經過幾年的輾轉奮鬥,蘇利文和海倫的奮鬥終於取得了輝煌的成果。她們的成就使海倫成了各界的名人。她的名字幾乎無人不曉。

1890 年春天,歷史上第二個能用嘴巴講話的聾啞者就是海倫·凱勒。她可能終生盲而不見,聾而不聞,但是她不再默不作聲、啞而無語了。

在海倫 12 歲那年，她曾經十分堅定地向人們宣布：「我將來要上大學，而且是哈佛大學，我一定要成為哈佛大學的大學生。」

她能夠上大學嗎？而且是世界聞名的哈佛大學，多半人對這一點深表懷疑。她怎麼可能與正常的頂尖學生競爭？但是蘇利文毫不猶豫地一直支持她。

有人說：「海倫，哈佛大學是男孩讀的大學，放棄它，再選擇一個學校吧！」

1900 年秋天，海倫終於成為哈佛大學拉德克利夫學院的一名大學生。蘇利文老師成了她的影子，陪她上課，把教授的講課用手語翻譯給她。經過 4 年的學習，海倫與其他 96 個女孩一同順利地畢業了。

拿到了那張無比珍貴的畢業文憑，並可向全世界宣稱：「海倫‧凱勒從舉世聞名的拉德克利夫學院光榮畢業了。是全世界的盲聾者中，接受最完整教育的第一人。」

海倫的名聲與日俱增，但是她身旁的那位纖弱瘦小的女士卻很少有人注意。蘇利文寧願這樣在海倫背後默默地支持她，她付出了那麼多，但是從來沒有任何埋怨。一位專欄記者向蘇利文約稿，想要發表一些關於蘇利文自己的文章。蘇利文告訴他：「大家不用關心我的生活，那是我自己的事。」

她不願成為社會關注的焦點，只想永遠默默無聞地扮演「老師」的角色。

　　蘇利文和海倫過著充實而快樂的生活。海倫成了作家，她在書、雜誌、報上講述盲聾者的生活形態和心理演變過程。她寫了很多關於盲者、聾者面臨的種種困難。她們奔波於全國各地做巡迴演講，讓大眾了解殘障者所處的困境，啟發他們幫助殘障者擺脫困境。

　　時光如梭，年華似水，一向精神抖擻的蘇利文，突然感覺自己不可能像以前一樣了，她感到自己已經力不從心了。1920 年，她對海倫說：「這一次演講，妳另找一個人陪你去吧！我的身體狀況不是很好，決定休息一段時間。」

　　蘇利文不再年輕了，她的眼睛也失明了。

　　「也許再做一次手術，會改善眼睛現在的狀況。」蘇利文心想。於是她便去找以前為自己做手術的醫生，醫生和藹地告訴她：「妳不要太難過！以往妳用眼過度，不注意休息，為海倫拚命地讀那麼多書，可能妳要為此付出代價了。好在妳受過盲人教育，有突出的盲文知識，因此你今後的生活不會因雙眼失明而受太大的影響。」

　　蘇利文心如刀割：「好個不會受到太大的影響！我痛恨盲文，這樣的結果我無法接受，我需要眼睛，需要光明！」

　　可是無論蘇利文如何努力，這一切已既成事實，無法改變了。垂暮之年，蘇利文的世界變得黑暗無光了。

　　每天，蘇利文都要盡量提起精神，為的是不讓海倫為她擔心。

　　然而她對自己的朋友說：「這些日子以來，歡笑對於我來說，成了一件痛苦的事。我痛恨逐漸變老的身體，如果不是這樣，我應該步履自如、騎馬涉水，熬夜不倦，但是現在我卻是骨架鬆垮、瞎眼、疲憊。可是我不甘心就這樣垮掉，我自欺、自瞞，這讓我身心疲憊，痛苦不堪。」

　　「蘇利文，妳怎麼可以這樣呢？」她的朋友勸道，「妳是個堅強的人，我們不能讓妳離開，海倫不能失去妳。」

　　蘇利文斬釘截鐵地說：「如果真像妳說的那樣，那麼我的努力將是徒勞，是全盤皆輸。」

　　她畢生奉獻於幫助海倫・凱勒脫離枷鎖，追尋心性的獨立與自由，如果海倫對老師依然執著不放，眷念依舊，那麼對於老師來說，豈不是最大的失敗嗎？

　　1936 年 10 月 19 日，安・蘇利文永遠地離開了。

　　她把海倫獨自留在世間面對一切，海倫是自己調理身、心、語、意和生活起居，老師不在了，所有的一切都需要她自己。每當海倫沮喪想要放棄的時候，耳邊彷彿有一個柔和的聲音告訴她：「海倫，老師不願看到你現在的樣子。」

　　溫和鼓勵、慈祥的耳語支撐著海倫在逆境中奮起，她重新建立了自己的目標，辛勤地工作。她笑對人生，珍惜生活給她的一切。她孜孜不倦地努力，讓生活的火炬熠熠生輝，成為一盞明亮的燈塔，照亮殘障者希望的航程。

安・蘇利文的心血沒有白費,她為 20 世紀的百花園培育了一朵炫目不朽的奇葩 ── 海倫・凱勒。

在安靜的鄉村暢想

對海倫而言,家永遠是最舒適的港灣。離開熱鬧喧譁的大都市,回到鄉村安靜的田園,會感覺到自己的庭園分外可愛。

海倫時常一個人去戶外散步,沿著小徑往前走,在小徑盡頭的拐彎處,就是海倫平常散步的馬路了。

小屋的四周有最宜人的景色,尤其是每年的 6 月分,各色鬱金香和風信子都綻開了美麗的花朵,海倫就像住在花海中的小鳥一樣。

海倫走在通往小涼亭的馬路兩旁,滿是移植自德國或日本的菖蒲花。海倫覺得 6 月分的樹木都變得非常美妙,樹葉舒展開了,伸出枝丫似乎想向她傾吐什麼。

她有時會覺得,樹木真的在對自己說:「妳們人類何時才能學會這樣站著不動呢?」

有時則說:「看看那不安分的海倫,在花草叢中不停地穿梭,就像一隻風中的蝴蝶。」

那橫生的小枝丫,有時似乎像對自己指指點點的小手指。

有時，海倫也疑惑：「人為什麼不能像樹一樣，固定站在某一個地點上呢？樹木雖然不會移動，不是照樣生長得很好嗎？如果人類能那樣生活，說不定會更快樂呢！」

最近一段時間，海倫一想到勞資對立和戰爭問題，就會徹夜失眠。

她奇怪人類為何不把花在戰爭上的精力轉而投注在研究如何改善人類生活、邁向理想境界的方向上去？如此世界不是可以更美好嗎？對於這一天的一來，她滿懷信心。

海倫希望全世界的和平能夠早日實現，讓人類過得更幸福，到那時，人們就不必再用天堂來安慰自己了。

海倫近來還時常想到郝博士：「如果當初郝博士不曾設計出這套教育盲聾者的方法，真不知道我的一生會是什麼樣子。」

據說在郝博士想到教育其他盲童時，當時的法律上還明文規定著：盲聾者視同白痴。

在柏金斯盲校學習時，蘇利文老師與一個叫蘿拉的盲童是室友，所以對她的事很清楚，而蘿拉就是蘇利文老師的第一個手語老師。

當蘿拉知道蘇利文老師要去阿拉巴馬州教一個又盲、又聾、又啞的女孩時，她非常興奮，同時囑咐蘇利文老師：

不要使這個孩子養成太嬌寵的個性，不能因為她有殘
缺就凡事順著她，這樣對她的成長不利。

海倫初次到柏金斯盲校見到的第一個人就是蘿拉。當時
蘿拉正在房中編織，由於她很久沒有見到蘇利文老師，因此
非常欣喜地迎接海倫，同時她也吻了海倫。

可是當海倫試圖伸手去摸她所編織的花邊時，她卻將
花邊移開了，並且用手語告訴海倫：「你的髒手會把花邊弄
髒。」

海倫想知道她的容貌，就伸手去摸她的臉，她向後一
閃，暗示海倫的手太髒。同時還問蘇利文老師：「你沒有教這
個孩子禮貌嗎？」

接著，她很慎重地一字一字對海倫說：「妳要牢記，與女
士打交道時，不要太隨便。」

一連幾次受挫，海倫倔強的性格再次被激發了，索性坐
在地板上不起來。

可是蘿拉也不含糊，她立刻毫不客氣地一把將海倫拖起
來。「地板很髒，這樣做會弄髒衣服，難道妳不知道嗎？妳
這個孩子真是太任性了，沒有一點教養！」

海倫要離開她的房間了，吻別她時不小心踩到了她的
腳，免不了又被她訓一頓。

事後蘿拉告訴蘇利文老師：「這個孩子很聰明，但是太過

任性了。」而海倫對蘿拉的第一印象是冷酷無情，讓人難以
親近。

蘿拉在許多地方與海倫有相似之處，因此，有很多人拿
她們倆作比較。她們遭遇不幸的年齡差不多，開始時的行動
粗魯，不易管教也很類似。

此外，她們兩人都是金髮碧眼，又同樣在 7 歲開始接受
教育。相似之處也就在這些方面，而且蘿拉比海倫更勤奮，
更有上進心。

蘿拉聰穎過人，善良誠懇，如果她當初也像海倫一樣，
有一位像蘇利文老師這樣的老師來教導她，那麼她會取得比
海倫更大的成就。

每當海倫在心裡想到這些時，總就覺得自己特別幸運。
可是當她再想到自己已活到 40 多歲，而且能和常人一樣講
話，但卻沒有幫助那些仍然生活在黑暗荒漠中的人脫離困境
時，她就感到十分慚愧。

海倫要做的事情的確太多了，雖然調查仍在繼續進行
中，但就既有的資料顯示，在國內，除去年紀很大或臥病在
床的以外，還有許許多多盲聾人等待海倫指引他們走出黑暗
世界。

其中有的人目前正值學齡階段，可是卻找不到合適的學
校就讀。

常有人問海倫：「我如何來處理這樣的兒童呢？」

對於這個問題，海倫覺得不應該一概而論，因為每個孩子的智力不同，所處的環境各異，因此她也不能肯定地告訴他是該請家教，或是該到哪一所學校去。

海倫能說的只是：「在兒童的眼、耳機能未完全喪失前，要盡快讓他們接受正規而科學的教育和訓練，否則這些兒童將失去學習的興趣。」

一個人雖然生活在黑暗或沉寂中，可是他仍像常人一樣可以回憶、可以想像，快樂的生活仍然屬於他。當然，他要盡量以他可能的方式去接觸這個世界，不要自閉於這個世界之外。

以海倫為例，因為海倫有許多朋友，所以她所獲得的知識和訊息來源於朋友的傳送，因此，她同樣可以生活得多彩多姿。

海倫永遠不會忘記這些朋友們對自己的幫助，他們對海倫的幫助和鼓勵，海倫都時刻銘記在心，直至永遠。

身體上的缺憾必將導致人身的不自由，這是一個不爭的事實。

海倫不敢說從沒有怨天尤人或沮喪的時候，但她更明白這樣根本於事無補，因此她總是極力控制自己，不讓自己的情緒跌入深淵。

　　平日裡，海倫時常這樣勉勵自己：在我有生之日，要極力學會自立，在能力範圍之內盡量不去增添別人的麻煩。

　　世上的事說來容易，實施難。這種事要真正付諸行動，如果沒有很深刻的信仰、堅強的毅力，再加上友情的溫暖、上帝的指引，只怕難達到其目的。

　　回憶往昔，海倫獲得了一絲安慰，自己至少可以做一隻「只會模仿貓頭鷹的鸚鵡」。

　　「只會模仿貓頭鷹的鸚鵡」代表什麼？《小洞的故事》一書的作者愛德華在完成這本書的創作後，寫信給他的一位朋友說：「我的祖父養了許多鸚鵡卻什麼也不會，只會模仿貓頭鷹展翅的樣子。來訪的客人們都知道鸚鵡會做這精彩的表演，因此每次都興致勃勃地觀看，並頻頻追問它們還會什麼新奇花招。

　　此時祖父就會一本正經地說：『快別這麼說，否則我的比利會不高興的，是嗎？比利只會模仿貓頭鷹，來，你再給他們表演一次吧！』我常常想小時候的這段往事，現在我寫了這本書，覺得自己就像那隻只會模仿貓頭鷹的比利。」

　　海倫也和作家愛德華有同感，因此很認真地模仿貓頭鷹。她的能力太有限，她所能做的只有這件事，就跟小鸚鵡比利一樣。

　　海倫的院子裡沒有她喜歡的洋槐，她的腦海中時常浮現

出洋槐夾道的小徑，因為那條小徑幾乎可以說是她的人生小徑，她在那裡消磨過許多美好時光，同時也享受著朋友們的無限溫情。

現在，這些朋友們有的還在人間的小徑上走，有的則已徜徉於天國的花園裡了，但海倫一直深深地懷念他們。

也許是上天有意委海倫以重任，將她變成盲聾人，希望以此來鼓舞和啟示他人吧！因為上天為海倫送來了蘇利文老師，由她帶領海倫離開黑暗和沉寂的世界。

從小視力就很差的蘇利文老師，在擔任海倫的家庭教師時，也只能看到些許光線而已。一個不太健康的弱女子只身遠離她的朋友，來到這個偏僻山村，是不是在冥冥之中受到了某種力量的支配呢？

她為了海倫不辭辛勞，以她微弱的視力為海倫念了許多書，並且成為海倫與這個世界最初也是最主要的橋樑。海倫相信，老師為自己所做的一切，不是一句「我愛海倫」就可以解釋清楚的。

海倫根本無法閱讀自己的打字稿，有關事後的修改工作，都是由蘇利文老師以手語為海倫復誦的。

蘇利文老師為什麼對海倫這麼好呢？這是海倫時常為之迷惑的問題，因為只是要有利於海倫的事情，蘇利文老師都會不惜一切代價為海倫去做。

　　海倫堅信，只要蘇利文老師投身於婦女運動，她可以輕易地成為婦女運動中的領導人物。她也十分富於寫作才能，要成為著名的女作家也並不是一件難事。

　　可是她卻寧願把一生的精力花在自己的身上。她鼓舞了自己服務社會人群的心志，遺憾的是，自己一直沒有出色的表現，用以回報老師對自己的期望。

　　雖然海倫的世界無聲無光，但因為蘇利文帶給她的愛心與希望，使她踏入了光明的世界。海倫的住屋雖小，也沒有窗戶，但同樣可以在夜晚，看到點點閃爍的繁星，領略浩瀚星海的奇妙。

　　雖然身體的缺陷使她行動受阻，但是她的心靈卻是自由的，它已經超脫她的軀體走向人群，沉浸在喜悅中，感受到了世間生活的美好。

　　時光如梭，年華似水，一向精神抖擻的蘇利文已經不再年輕了，但她仍然靠著一副度數非常深的特製眼鏡來閱讀，那副眼鏡是好心的貝連博士精心為她配置的。

　　後來，蘇利文的眼睛也失明了。

　　垂暮之年，蘇利文的世界變得黑暗無光了。蘇利文永遠地離開了這個世界。

　　1968 年 6 月 1 日，海倫・凱勒在睡夢中去世，享年88 歲。

　　人們建立起了一個以她的名字命名的組織，旨在為發展中國家的盲人提供服務。如今，海倫·凱勒國際組織是海外最大的為盲人服務的組織之一。

附錄

我的任務是練習，練習，不斷地練習。

—— 海倫‧凱勒海倫‧凱勒

附錄

經典故事

感受語言的祕密

海倫‧凱勒在很小的時候就生了一場大病，這場大病使她從一個幸運的孩子變成了可憐的人。從此，她就失去了光明，更使她變成了一個看不見、聽不著的人，而且脾氣也更糟了。無限的黑暗與恐懼始終包圍著她，向來十分關心女兒的父母很傷心，急白了頭，還特意為她找了一位老師叫蘇利文。

一天，老師在海倫‧凱勒的手心寫了「水」這個字，海倫‧凱勒不知怎麼搞的，總是沒辦法記下來。

老師知道海倫‧凱勒的困難處在哪裡，她帶著海倫‧凱勒走到噴水池邊，要海倫‧凱勒把小手放在噴水孔下，讓清涼的泉水濺溢在海倫‧凱勒的手上。

接著，蘇利文老師又在海倫‧凱勒的手心寫下「水」這個字，從此海倫‧凱勒就牢牢記住了，再也不會搞不清楚。

海倫後來回憶說：「不知怎的，語言的祕密突然被揭開了，我終於知道水就是流過我手心的一種物質。這個字喚醒了我的靈魂，給我光明、希望、快樂。」

立志考大學

海倫從小便自信地說:「有朝一日,海倫要上大學讀書!海倫要去哈佛大學!」

這一天終於來了。哈佛大學拉德克利夫女子學院以特殊方式安排她入學考試。只見海倫用手在凸起的盲文上熟練地摸來摸去,然後用打字機回答問題。前後 9 個小時,各科全部通過,英文和德文還得了優等成績。

1894 年夏天,海倫出席了美國聾人語言教學促進會,並被安排到紐約赫馬森聾人學校上學,學習數學、自然、法語、德語。沒過幾個月,她便可以自如地用德語交談;不到一年,她便讀完了德文作品《威廉·泰爾》。

教法語的教師不懂手語字母,不得不進行口授;儘管這樣,海倫還是很快掌握法語,並把小說《被強迫的醫生》讀了兩遍。

在紐約期間,海倫結識了文學界的許多朋友。馬克·吐溫為她朗讀自己的精彩短篇小說,他們建立了真摯友誼。霍姆斯博士在梅里邁克河邊幽靜的家裡為她讀《勞斯·豆》詩集,當讀到最後兩頁時,霍姆斯把一個奴隸塑像放在她手中。

這個蹲著的奴隸身上的鎖鏈正好掉落下來,霍姆斯對海倫說:「她是你思想的解放者。」博士指的是蘇利文小姐。海倫的心中一陣激動,人世間美好的思想情操,雋永深沉的愛心,以及踏踏實實地追求,都像春天的種子深深植入心田。

童年啟蒙教育

　　為了徹底改變海倫的個性，給予完全的教育，蘇利文老師說服凱勒夫婦讓她和海倫搬到荒棄已久的小木屋單獨相處，以避免她過度依賴父母的寵愛。愛女心切的凱勒夫婦只給她兩個星期的期限。

　　在教學互動過程中，海倫因初次離開父母的懷抱，索性大哭大鬧，賴在地上不吃不喝。蘇利文老師強忍酸楚，希望海倫能明白她所教她的一切。

　　蘇利文老師每天帶她認識廣大的心靈世界，她們走進了大自然，體會大自然的脈動 —— 空氣中陣陣的花草清香，感受樹的生命，即將從蛋殼誕生的新生命。

　　此時，海倫長久封閉的心靈頓時甦醒了，她學會了識字、辨物，了解文字的意義，體會事理，深及思考，由生活的無障礙而達心靈的無障礙。

　　蘇利文老師以無比堅毅的信念、愛心及智慧，像璞玉般來雕琢海倫，給了她全新的生命，如同燈塔般引領她的人生方向。

刻苦學習的海倫·凱勒

海倫不分晝夜，像一塊乾燥的海綿吮吸著知識的甘霖。她拚命地摸讀盲文，不停地書寫單字和句子。她是這樣地如飢似渴，以至小小的手指頭都磨出了血。

由於失去聽覺，不能矯正發音的正誤，她說話也含糊不清。對於一個身障者來說，世界是一片黑暗和寂靜，要學會讀書、寫字、說話，沒有強大的記憶力，簡直是不可能的事。但是，海倫·凱勒沒有向命運屈服。

她為了能清楚地發音，用一根小繩拴在一個金屬棒上，叼在口中，另一端拴在手上，練習手口一心，寫一個字，唸一聲。為了使寫出來的字不至於歪歪扭扭，她還自製了一個木框，裝配了一個滑輪練習寫字。

年譜

1880 年 6 月 27 日，出生在美國阿拉巴馬州塔斯坎比亞。

1882 年 2 月，因患猩紅熱致盲致聾。

1887 年 3 月，安·蘇利文成為海倫·凱勒的老師。

1899 年 6 月，考入哈佛大學拉德克利夫女子學院。

1902—1903 年，撰寫出版《我的一生》，有的譯作《我生活的故事》。

1904 年 6 月，以優異成績大學畢業。

1908—1913 年，著《我的天地》，又譯作《我生活中的世界》、《石牆之歌》、《衝出黑暗》。

1919 年，應邀去好萊塢主演電影。

1924 年，成為美國盲人基金會的主要領導人。

1929 年，著《我的後半生》也譯作《中流—我以後的生活》。

1930 年，旅遊英國。

1931—1933 年，榮獲坦普爾大學榮譽學位。訪問法國、南斯拉夫、英國。

1942—1952 年，出訪歐、亞、非、澳各大洲 13 國。

1953 年，美國上映了反映海倫生活和工作的紀錄片《不可征服的人》。

1955 年，著《老師：安·蘇利文·梅西》，榮獲哈佛大學榮譽學位。

1959 年，聯合國發起「海倫·凱勒」世界運動。

1960 年，榮獲美國海外盲人基金會頒布的「海倫·凱勒」獎金。

1964 年，榮獲用以表彰優秀公民的「總統自由勳章」。

1968 年 6 月 1 日，海倫·凱勒與世長辭，享年 88 歲。

名言

信心是命運的主宰。

無論處於什麼環境，都要不斷努力。

不懷希望，不論什麼事情都做不出來。

人生要不是大膽地冒險，便是一無所獲。

我為你們開啟機會的窗，我正敲著你的大門。

把活著的每一天看做生命的最後一天。

只要朝著陽光，便不會看見陰影。

面對光明，陰影就在我身後。

樂觀，是達到成功之路的信心。

我只看我擁有的，不看我沒有的。

對於凌駕命運之上的人來說，信心就好似生命的主宰。

愛是摸不著的，但你卻能感到她帶來的甜蜜。

一本書像一艘船，帶領我從狹隘的地方駛向無限廣闊的海洋。

一個人感到有一種力量推動他去翱翔時，他是不應該去爬行的。

只要是真正有益於社會的事情，而又是我能做的，我都將全力以赴。

我努力求取知識，目的在於希望日後能使用，為社會貢獻一點力量。

像明天就要失去那樣去利用你的眼睛。

黑暗將使人更加珍惜光明，寂靜將使人更加喜愛聲音。

世界上最美麗的東西，看不見也摸不著，要靠心靈去感受。

人生最大的災難，不在於過去的創傷，而在於把未來放棄。

僅僅靠觸覺就能感受到這麼多的幸福，那麼，如果能看見，我會發現多少更美好的東西啊！

附錄

我身上的所有原子都是振動儀。透過房屋到處感覺到的振動，我能猜出每天都在發生什麼事情。

因為在我生活的漫長黑夜裡，我讀過的書以及別人讀給我聽的書，已經變成一座偉大光明的燈塔，向我揭示出人類生活和人類精神的最深泉源。

我的任務是練習，練習，不斷地練習。失敗和疲勞常常將我絆倒，但一想到再堅持一會就能讓我所愛的人看到我的進步，我就有了勇氣。

忘卻自我中有著快樂。因而，我要努力把別人眼中的光明直當作我的太陽，把別人耳中的音樂直當作我的樂曲，把別人唇上的微笑直當作我的幸福。

我的身體雖然不自由，但我的心是自由的。就讓我的心超脫我的軀體走向人群，沉浸在喜悅中，追求美好的人生吧！

世界上最好和最美的東西是看不到也摸不到的，它們只能被心靈感受到。

成千上萬的小事落在我的手心裡，各式各樣的小機會每天發生，它都留給我自由運用和濫用，而它依舊默默走它的路，一無改變。

行動的意志，依行動次數的頻繁和堅定的程度而增強，而腦力則依意志的使用而增長，這樣便真能產生信仰。

死亡只是從這個房間搬遷到那個房間，可是我可能跟別的人不太一樣，因為我在那個新的房間就可以用眼睛看到東西了。

名言

電子書購買

國家圖書館出版品預行編目資料

黑暗中的天使海倫凱勒：眼盲心不盲，用心感
受世界，耳聾口未啞，致力造福盲人 / 鄧韻如，
賀欣欣編著 . -- 第一版 . -- 臺北市：崧燁文化事
業有限公司 , 2022.10
　　面；　公分
POD 版
ISBN 978-626-332-751-1(平裝)
1.CST: 凱勒 (Keller, Helen, 1880-1968) 2.CST:
傳記
785.28　　111014580

黑暗中的天使海倫凱勒：眼盲心不盲，用心感受世界，耳聾口未啞，致力造福盲人

臉書

編　　著：鄧韻如，賀欣欣
發 行 人：黃振庭
出 版 者：崧燁文化事業有限公司
發 行 者：崧燁文化事業有限公司
E - m a i l：sonbookservice@gmail.com
粉 絲 頁：https://www.facebook.com/sonbookss/
網　　址：https://sonbook.net/
地　　址：台北市中正區重慶南路一段六十一號八樓 815 室
Rm. 815, 8F., No.61, Sec. 1, Chongqing S. Rd., Zhongzheng Dist., Taipei City 100,
Taiwan
電　　話：(02) 2370-3310　　傳　　真：(02) 2388-1990
印　　刷：京峯彩色印刷有限公司（京峰數位）
律師顧問：廣華律師事務所 張珮琦律師

定　　價：320 元
發行日期：2022 年 10 月第一版
◎本書以 POD 印製